おれの歌を止めるな

Don't Disturb My Groove　Kiyoshi Matsuo

ジャニーズ問題とエンターテインメントの未来

松尾潔

講談社

おれの歌を止めるな

ジャニーズ問題とエンターテインメントの未来

目次

坂本龍一は、政治に従属を強いられる芸術の「居場所」を案じていたのではないか
「最大の悲劇は悪人の暴力ではなく善人の沈黙である」
ぼくに小説執筆の疚しい快感を教えた藤田宜永を追想する
野木亜紀子と松岡茉優という二つの弩級の才能が起こす化学反応
異能の保守思想家・福田和也の「舌の感覚」には説得力がある
ジャニーズ問題に声を上げるのは、芸能の裏方としての生理
週刊朝日101年の歴史の最後に、ぼくは挽歌をうたう資格を得た
『渇水』の生田斗真はジャニーズの宝である
いま現実を映し出すには「世代」という名のカメラでは解像度が低すぎる
ラブトラに、一般社会とりわけパートナー像のあり方の未来図を見る
名プロデューサーにふさわしい最後のサプライズ
『ムーラン・ルージュ』は搾取に命がけで抗う者たちの群像劇である
時代のうねりに目をつむる。それは戦うべき敵《エネミー》を見過ごすことである
『シモーヌ』には観る者の心を強くする力がある
わが子とともにマティスの若々しいイメージを体感する
『妖怪の孫』試写会で並んで座った3人の1968年生まれ
「私がどんな服を着たとしても、セクハラと性的暴行は正当化できない」

――DJ SODAの発言の重要さ
三浦英之『太陽の子』は、〈叫び声の小さい人々〉の声を拾い集める誠実な作品だ
ジュリー社長以下、主要役員は記者会見に総登場して謝罪したらどうか
佐野元春は、言葉と音楽の理想的な関係を探求する
『国葬の日』はこの国の「ムード」を冷静に描き出す
「オレ、正義感が強いんだよ。意外とね」と近田春夫ははにかんだ
和田静香の作品群は時代のスケッチとして長く読み継がれていくだろう
ジャニーズ会見「NGリスト」のスクープがNHKから発信された意味は途轍もなく大きい

第3章　音楽と社会をめぐるラジオ発言録

山下達郎「OPPRESSION BLUES(弾圧のブルース)」は「炭鉱のカナリア」である
日常を肯定する、生きていることを肯定する／鋭い感性で世の中を捉え、異を唱える
ジャニーズ問題は日本社会全体が抱える膿
BBCの報道で動き出した／一般企業であればとっくに詰んでいる／公式見解の要点は「4つのNO」
ジャニーズ問題はメディア全体の問題でもある

第4章　メロウな抵抗のためのラブソング

ブックデザイン　鈴木成一デザイン室
写真　時事通信社
共同通信社
イメージマート

おれの歌を止めるな

ジャニーズ問題とエンターテインメントの未来

はじめに――ジャニーズ問題とパレスチナ危機を同じ口で語ろう

パレスチナが危機にある。2023年11月上旬時点で、ガザ地区の死者はパレスチナ側が1万1000人以上、イスラエル側も1200人以上におよんでいる（双方の当局発表の累計数）。かの地の問題に詳しく、行動する哲学者として知られる鵜飼哲・一橋大学名誉教授が発した「中東は第一次世界大戦が終わってない地域」（サンデー毎日2023年11月5日号）という言葉には身震いを覚える。自分がこの問題の理解からほど遠いところで生きてきた事実を、否応なく突きつけられるからだ。2022年2月に始まったロシアのウクライナ侵攻も、まだ終わりが見えない。怒りや悲しみの感情を抱いてしまうのは、きっとぼくだけではないだろう。世界は途轍もなく広く、とんでもなく複雑で、どうしようもなく厄介だ。

世界情勢を伝えることにくらべれば、それ以外のニュースなんてすべて取るに足らないもの――そんな認識からか、政治と経済以外のニュースにほとんど関心を示さない人は結構いるものだ。ぼくが生業とするエンターテインメントの世界も、まさに関心の埒外に位置づけられることが珍しくない。これは自虐的になって言うのではない。論より証拠、コロナ禍の初期に、時の権力者によって「不要不急」と断じられたではないか。

ぼくの知る高名なジャーナリストは、ジャニーズ問題についてはメディアの責任が大きいと不満を隠さない。「旧ジャニーズ事務所への忖度が過ぎる」という責任論ではない。世界情勢が緊迫化してキーウやガザでは尊い命が次々に失われているのに、なぜメディアはジャニーズ問題ごときにこれほど時間を割くのかと憤っているのだ。性加害なんて瑣末《さまつ》な問題だろう、と。

2023年秋、旧ジャニーズ事務所は死の濃厚な気配とともにあった。50代のジャニーズJr.元レッスン生が、40年前、ジャニー喜多川氏からの性被害を母親に打ち明けたところ、母親はひと月後に遺書を残して自殺したと告白した。また、「当事者の会」に所属していた40代の男性が、大阪府箕面市の山中で遺書らしきメモを残し死亡していたことがわかった。

ガザ地区で戦火に失われた命と、ジャニー喜多川氏からの性被害が原因で失われた命の重みに、元来差はない。あるとすれば距離感、あるいは遠近感が生みだす錯覚ではないか。情報の送り手であるメディアもそうだが、情報を受ける側もまた遠近両用の感性を磨きつづけなければならない。

だからぼくは言うのだ。芸能と社会的公正を地続きで考えよう。ジャニーズ問題とパレスチナ危機を同じ口で語ろう。政治の話をしたばかりのその声で、あまやかなラブソングを歌おう。ベトナム戦争の時代にあって「何が起こってるんだ（"What's going on"）」と問いかけ、すぐに「心ゆくまで愛を交わそう（"Let's get it on"）」と歌ったマーヴィン・ゲイのように。

アフリカン・アメリカンの彼が得意とした楽式のひとつが、コール・アンド・レスポンスだ。「掛け合い」といってもいい。もうおわかりだろう。ぼくのコールに読者のみなさんのレスポンスが発せられるとき、この楽式は初めてうつくしい完成を見る。

第1章

おれの歌を止めるな

© 時事通信社

おれの歌を止めるな
——ジャニーズ問題とエンターテインメントの未来

2023年10月2日の記者会見には怒号が飛び交った。

「東山さん、井ノ原さん、質問させていただけないでしょうか！　先ほどから当ててもらえないんですけど！　皆さんには質問に答える義務があると思います！」

「フェアじゃない」

「（自分が指名されないのは）茶番だ」

「ルール守れよ」

「順番だろ」

「司会がちゃんと回せ！」

「また会見はあるのか」

（以上、発言はすべて「WEB女性自身」2023年10月3日投稿記事から）

10月4日、NHKは、ジャニーズ事務所★から会見の運営業務を依頼されたFTIコンサルティングが、会見に先がけて特定の記者を指名しないようにする「NGリスト」を作成していたと報じた。

これに対し、ジャニーズ事務所は翌5日、「弊社の関係者は誰も関与しておりません（略）誰か特定の人を当てないで欲しいなどというような失礼なお願いは、決してしておりません」と声明を発表する。

だがすぐに、その声明の真偽を問う論議が湧き起こった。無理からぬことだ。仮にその声明がNGリストの存在を知っていたうえでのものだとすれば、ジャニーズの被害者救済への誠実な姿勢や、人権尊重責任の本気度が疑われる。声明の通り知らなかったとすれば、企業としての危機管理能力に大きな疑問符がつく。

この時点で確かに言えることがひとつあった。ジャニーズがNGリストの存在を知っていようがいまいが、FTIが独断で作成したのであれば、これこそが巷間言われている「取引先企業によるジャニーズへの忖度」そのものではないか。つまり、かつてない多くの人びとが、かの有名な「J忖度」の最新事例をリアルタイムで目撃したことになる。

5日夜になってもジャニーズ事務所はNGリスト作成への非関与を主張していたが、FTIの担当者は讀賣新聞の取材に応じ、会見の進め方について同事務所と調整していたことを明らかにした。ＮＧリストだけでなく「指名候補記者リスト」も作成していたと認め、「意識が低かったことを痛切に感じている。弁解の余地はない」と語った。

まさに、詰んだ瞬間、だった。

★２０２３年12月8日、旧ジャニーズ事務所（現ＳＭＩＬＥ－ＵＰ．〔スマイルアップ〕）が担ってきたタレントのマネジメント業務などを引き継ぐ新会社の名称が「ＳＴＡＲＴＯ ＥＮＴＥＲＴＡＩＮＭＥＮＴ（スタートエンターテイメント）」に決まったことが、同社の公式サイトで発表された。代表取締役ＣＥＯにはコンサルティング会社社長・福田淳氏、取締役ＣＯＯには井ノ原快彦氏が就任したことも明記された。

東京オリンピックとジャニーズ事務所

２０２０年5月25日。安倍晋三首相は、首都圏1都3県と北海道で続いていた新型コロナウイルス対策のための緊急事態宣言を解除した。日本に暮らす人びとに諸方面で大きな影響を与えた同宣言が全国で解除されたのは、およそ1ヵ月半ぶりのことだった。

それを見届けるように、翌6月に東京都千代田区大手町に開館したのが、Otemachi One（大手町ワン）である。三井物産と三井不動産が進めてきた大手町の再開発のなかでも最大の目玉となるこの大規模複合施設は、オフィスのほかホテル、宴会場、会議場、多目的ホール、飲食店まで擁するもの。地下鉄大手町駅に直結、並び立つ三井物産ビル（地上31階地下5階）とOtemachi One タワー（地上40階地下5階）の両棟を、一体化した低層部が結ぶ。

三井物産ビルのデザインが水平調で温かみを感じさせるのは皇居側という位置を意識してのこと。一方、日比谷通り側のOtemachi One タワーは地面から天空に向かって凜と伸びる垂直線を強調したデザイン。両棟が併せて「伝統と革新」を表現していることは、ぼくのような建築の素人にも一見して容易にわかる。

タワーの3階部分と頂部6フロアを占めるフォーシーズンズホテル東京大手町は、満を持して9月に開業した。最も安い部屋でも一泊料金が10万円を超えるラグジュアリーホテルだが、開業計画の前提に東京オリンピック需要があったのは言うまでもない。

当初2020年に開催が予定されていた東京オリンピック。その開催に執着を感じていた者は、エンターテインメント業界にも少なくない。だがその最たる存在となれば、ジャニーズ事務所の創業者・ジャニー喜多川（本名喜多川擴《ひろむ》）氏ということになるだろう。

2013年9月、東京開催が決定してまだ3週間の時点で、ジャニー氏はいち早く五輪に向けての新グループ構想を公表している。2018年10月には、あくまで仮名としながらもそのグループ名を「2020（トゥウェンティートゥウェンティー）」とし、のちにSnow Manの一員として人気者になるラウール（当時15歳）を含むジャニーズJr.の9名をメンバーとして発表。最終的には40名の大所帯グループを目指していると報じられた。

だがジャニー氏は、1年遅れの五輪開催も「2020」のデビューも見届けることなく、2019年の夏に逝った。享年87。

やはり「茶番」だったジャニーズ会見

2023年10月2日午後。フォーシーズンズ東京大手町3階の最大の宴会場・会議場「グランドボールルーム」で行われた記者会見には、怒号が飛び交っていた。

それだけでも、格式高いホテルにはおよそ不似合いな光景だが、もっと異例だったのはその模様がテレビやネットを通じて世界中に生中継されたことだ。生放送したNHKと民放4局の番組の視聴率は合計で19・3パーセントにまでおよんだというから、尋常ではない。その後のTVニュースやネット番組、SNSでも夥しい数の人びとが映像を観たのだから、これはもう国民的関心事といっていい。ぼくも作詞の手を休めてテレビの生放送を観た。

会見を主催したのは、株式会社ジャニーズ事務所。創業者であるジャニー氏の性加害問題を受けて9月7日に行った記者会見（会場は同じ千代田区の超高級ホテルであるパレスホテルだった）で、同社は世論の十分な賛意を得ることができなかった。そのリカバリーのために正念場となる今回の会見には、9月に最も大きな反発を招いた社名存続の意思の撤回、新社名の発表、ジャニー氏の姪にして事業承継者・藤島ジュリー景子氏がひとりで保有する全株式の取り扱い、性被害者への補償・救済の具体案、所属タレントの今後など、いくつかの注目すべき論点があった。

ところが、蓋を開けてみれば、9月に登壇した4人のうち、ジュリー氏はパニック障害を理由に欠席。冒頭ではそれについて説明はなく、彼女が書いたとされる手紙をイノッチこと井ノ原快彦副社長が代読した。そうやって始まった会見では、前回「芝居調が過ぎる」と批判を受けたヒガシこと東山紀之社長のトーンは控えめになり、逆に前回カジュアルな物言いで多くの好評価を得たイノッチは、さらに伸びやかなしゃべりを披露。つまり不発に終わった前回をふまえて、再会見に「学習」十分で臨んだことは明らかだった。

がしかし、先述したように、この会見には怒号が飛び交うことになる。挙手制にしたがい何度も手を挙げても指名されることのない記者たちが、これを不服として「茶番だ！」「フェアじゃない！」と糾弾しつづけたのだ。もちろん司会者は否定したが、それで記者たちの不満が収まるはずもない。

その元凶がジャニーズ側の設定した「質問は挙手制、一社一問」ルールにあることは明らかだ。「一社一問」は第二次安倍政権時代に菅官房長官が作ったとされ（その真偽の程は定かではない）、現在に至るまで首相官邸の記者会見で用いられる質問方式。一見、質問機会の公平性を担保したやり方に思えるが、明確さに欠ける返答に対しての追加質問の機会は予《あらかじ》め奪われている。早い話、開催者側が一方的に利する方式だ。だが、今回のように疑念や疑惑を晴らすことに主眼を置いた会見の場合、一社あたりの質問数を等しくするよりも、複数の社が知りたがっている問題を深く掘り下げることを優先すべきだったと考えられる。そもそも一般論として、不祥事を起こした側の企業が記者陣に対して「一社一問の質問とします」とルールを設定することが、許されるのかどうか。それで押し通せるとジャニーズ事務所側が見込んだ背景に、自社の現ツートップは国民的に顔の売れたタレントだという驕《おご》りはなかったか。

グランドボールルームに充満する殺伐とした空気がテレビ画面越しにも伝わってくるなか、それでも会見は進行した。2時間という制限時間も、質問方式同様ジャニーズが一方的に設定したもの。1時間半が過ぎたあたりで、30年来のジャニーズ事務所のファンで、同社の複数のタレントのファンクラブ会員でもあるという「ライター」が指名される。マイクを握った彼女がまずそれを悪びれずに告白し、さらに事務所全面擁護論をぶつにおよび、ぼくは眩暈《めまい》をおぼえた。自分が学生のころは、新聞をはじめとするメディアを「社会の木鐸《ぼくたく》」とする考え方は、まだ辛うじて生きていた気がする。しかし、それはもう死に絶えているという現実を認識するしかない。

そして。

制限時間も残り10分を切り、終わりが見えてきたころになって、それでも紛糾する記者たちをイノッチは「ちょっと一言いいですか」とやんわり制し、こう続けた。

「こういう会見の場は、全国に生放送で伝わっておりまして、小さな子どもたち、自分にも子どもがいます。ジャニーズJr.の子たちもいますし、それこそ被害者のみなさんが『自分たちのことでこんなに揉めているのか』というのは僕は見せたくないので、できる限りルールを守りながら、ルールを守っていく大人たちの姿を、この会見では見せていきたいって僕は思っていますので、どうか、どうか落ち着いてお願いします」

内容ではなく物言いについて咎《とが》め、諭すという典型的なトーンポリシング。紛糾の理由から論点ずらしを図っているのは明白だった。20年も前に若きイノッチの司会するテレビ番組に出たときは、ゲストの名前をきちんと憶えて本番に臨み、最後まで細やかな気配りを欠かさない彼に好印象しか抱かなかったぼくも、このあざとさには首を傾げるしかない。これはフェアではないだろう、と。

しかし、その直後に信じられないことが起こった。なんと一部の記者たちから拍手が起こったのだ。イノッチへの称賛か、口うるさく糾弾を続ける記者たちへの反感か、その両方か（あとで録画を観直すと、前回の会見に続いて登壇した西村あさひ法律事務所・木目田裕弁護士が、記者たちにあわせて小さく拍手するのを確認することができた）。

思い出したことがある。トランプ政権下の２０１８年７月、米ＣＮＮテレビ記者が大統領とジャン＝クロード・ユンケル欧州委員会委員長によるホワイトハウスの記者会見への出席を禁じられた。そのケイトラン・コリンズ記者の話によれば、会見に先立ち「不適切」な質問をしていたことを理由に、ホワイトハウスの広報担当者から通告を受けたという。ホワイトハウス記者会は出席禁止の決定を厳しく批判、もちろんCNNも「質問内容がホワイトハウスにとって不快だとしても、無意味で聞くべきでないとはならない」と非難した。ぼくにとって印象的だったのは、ふだんCNNと敵対するような報道も多いライバル局FOXニュースでさえコリンズ氏を擁護、CNNとの連帯を表明したことだ。

何が正しくて何が正しくないのか。その見極めはいつも難しい。でも、フェアかどうかについてのジャッジについては、ぼくはまだ自信があった。だがそのときの拍手は、ささやかな自信を根元から揺るがすほどのものだった。

その2日後、10月4日。記者会見には事前に指名NG記者、指名候補記者それぞれのリストが作成され、現場にも関係者によって持ち込まれていたことが分かった。会見の場では暴言と捉える向きもあった「茶番」発言は、正しかったのだ。

何とその第一報は、この国の最もスタンダードなニュース番組『NHKニュース7』だった。文字通り番組冒頭のトップニュース。わざわざ赤地に白抜きで「独自」と銘打ち、「会場に指名の『NGリスト』」と見出しをつける念の入れようだった。テレビ朝日と並んでジャニーズ事務所との長年の蜜月が噂されるNHKだが、どっこい、その巨大組織にはじつにいろんな人びとがいて毎日戦っている、そう思わせるだけの気迫に満ちたニュースだった。

『ニュース7』でも流されたこの会見の司会を務めたのは、2007年と2008年の2年連続でNHK紅白歌合戦の総合司会だった松本和也・元NHKアナウンサー。ちなみに2007

年に紅組の、2008年に白組の司会に起用されたのは、当時のジャニーズ事務所の看板グループSMAPの中居正広だった。

甘い歌を守るために政治と向き合う

若いころ、ぼくはあまり政治の話をしなかった。政治家の下世話な噂について語ることはあっても、政治そのものを人前で語る機会は皆無だった。同じように、社会正義についてたまに友人たちと語り合うことはあっても、社会のことはほとんど語ってこなかった気がする。あらかたにおいては、50代半ばになった今でもそう変わらない。あまやかでメロウなR&Bを作ることや、愛し合う者同士の機微を細やかに描いた物語を作ることに、人生のかぎられた時間の多くを費やしたいと願っているから。あえて下世話な言い方をするなら、エンタメ命、なのだ。

コロナ禍にあって、エンターテインメントは「不要不急」かどうか、世間から厳しくジャッジされることになった。論議のきっかけとなったのはもちろん、それに先がけての国や自治体による休業要請だった。安倍晋三首相、東京都の小池百合子知事のみならず、大臣や自治体トップが連呼した「不要不急」は、SNSのトレンドワードの上位に長らく居座っていたような印象がある。小池知事や大阪府の吉村洋文知事らが不要不急の外出自粛を呼びかけた2020年3月最終週の週末には、ツイッター（現X）への「不要不急」についての投稿は一日4万件を超えた。

2021年4月1日、文化庁長官に都倉俊一氏が就任する。日本音楽著作権協会（JASRAC）の前会長で、3月まで特別顧問を務めていた都倉氏は、1970年代に爆発的ブームを巻き起こしたピンク・レディーをはじめ、ヒット曲を量産してきた名作曲家でもある。文化庁は著作権行政を行う。つまりJASRACを指導・監督する立場にあるから、両者のあいだには厄介な利益相反が横たわっている。この人事にもやもやとした印象を抱いたのはぼくだけではないだろう。

彼については個人的な記憶がある。2010年、ぼくが作詞と作曲を手がけたEXILEの「Ti Amo」がJASRAC賞を受賞したとき、授賞式のプレゼンターを務めたのが当時JASRAC理事の都倉氏。賞状を授与する際、ぼくだけに聞こえる控えめな声量で「ほんとなら僕が欲しいよ」とジョークをささやき、茶目っ気に満ちた笑みを浮かべたのだった（なんとその8年後には、CMに替え歌が使われてリバイバルしたピンク・レディーの「UFO」で、本当に受賞が実現するのだが）。

都倉氏が長官に就任してほどなく、4月25日から3度目の緊急事態宣言が始まった。5月12日に宣言が延長されるタイミングで、都内の国立文化施設は再開する方針だった。だが小池百合子都知事は、知事の判断で協力を要請できるという政府の方針に基づき、都倉長官宛てに「内閣官房と協議の上、決定した」と休業を強く要請する。それを受けて、文化庁は国立文化施設の休業を続けることを11日に発表する。

その数時間後には、都倉長官名義で「文化芸術活動に関わるすべての皆様へ」と題する声明が出た。

「文化芸術活動は、断じて不要でもなければ不急でもありません」

国や都を糾弾するにも近いメッセージ。ぼくの体温は上がった。でも……これは信じてもいい言葉なのか。都倉氏は信じるに足る人物なのか。その判断は難しかった。先述したJASRACとの利益相反の問題に加え、かつて都倉氏が、あいちトリエンナーレ2019の補助金の一部を不交付という文化庁の措置に理解を示していたことも気になる。

ただ、メッセージに怒りと悔しさが滲《にじ》んでいることはよく伝わってくる。つまり国立文化施設の休業延長は、都知事の要請に心ならずも屈した末の産物なのだ。長官の恨み節はけっしてカッコよくはない。それでも言葉にして語るから届くものがあった。

翌12日に朝日新聞のインタビューに答えた都倉長官は、東京都の要請で休館を続けるのは苦渋の判断であったことを認め、「国立ですからね、大きな国の方針には従う。これは動かせない一つのルールなのでね。国と都が方針を合意したら、従わざるを得ない」と半ば自嘲気味に語り、以下のように続けた。「もし僕が個人だったら、色々違った活動をするかもしれないけど。ガチンコで美術館などを開けても、決してためにならない。国全体の賛同のもとにやっていかないと前に進まない。我々の知恵としては、いかに早く再開できるか。『冗談じゃねえ』

と開き直ることは簡単だけど、そういうことに努力するしかない。僕が総理だったらまた対応が違っていたかもわからないけど、政治的な手練手管も知らないし」

とかく「挨拶要員」と揶揄されがちな長官職だが、このコメントからは単なる名誉職でも国へのイエスマンでもないぞという決意と、でも独善的に突進するだけではないというリアリズムのバランスが感じられ、ぼくはいくぶん明るい気分になった。

だがそれから数日後、讀賣新聞のインタビューに応じた都倉長官は次のように語る。「平時にあまり稼げていない人が給付金で突然稼げるのはまずい。文化芸術は、やはり実力が基本。実力のある人たちが困窮していることが問題であり、フェアな状況を作ってあげたいと思う」

おいおいおい！　そりゃあないぜ、都倉さん。これ、「稼げる人」≒「実力のある人」と言ってませんか。平時に稼げることを実力と呼ぶなら、そもそも文化庁なんてどれほどの存在意義がある？　有事にお助けマンとして登場すればいいだけで。セコムかよ。というか、こんだけ商業ベースのバイアスかかりまくりの「文化芸術」の定義を口にする人が文化庁長官なんて、この国、ちょっとヤバくないか。

エンターテインメントというかけがえのないものを守りたければ、政治そして社会と向き合うことから逃げるわけにはいかない。ぼくはそう痛感するようになっていた。

やわなラブソングを作るためには、鋭く声を上げなければならない。理想的な声の上げ方を学んでいかなければならない。

それはぼくの好むR&Bのようにメロウではないかもしれない。もっと泥臭くて、ダサい気がする。それでもいいじゃないか。『あまちゃん』で能年玲奈（現のん）が演じたアキの名台詞を借りるなら、「ダサいくらい何だよ、我慢しろよ！」だ。

なにより大切なのは、〈おれの歌〉をうたい続けること。

泥の中で蓮の花を咲かせるはずが……

音楽を仕事にするつもりなんて、さらさらなかった。ましてやプロミュージシャンを目指したことなんて一度もない。子どものころオルガンやピアノの教室に通ったのは自発的な意志ではないし、高校の文化祭ではボーカルとベースギターを担当してバンドの真似事をやってみたけれど、当時耽溺《たんでき》していたアメリカのR&Bシンガーの技量には一生をかけても手が届かないことが身に沁みてわかった。何より、自分は音楽を歌ったり奏でたりするよりは、聴くことに何倍もの大きな愉しみを見出す性質だと、ぼくは10代で気づいた。

だから歌手でもミュージシャンでもなくプロデューサーになったのだろう。そこに至る経緯の説明に紙面を割くのは控えるが、端的に言うなら「なりゆき」が「なりわい」になったということだ。

つい先ごろ、90年代に世界的人気を博した米西海岸の伝説的ラッパー、2PACを銃撃して殺害した容疑者が逮捕され、大きく報じられた。じつに事件から27年が経っている。逮捕されたのはロサンゼルスを拠点とするギャングの元リーダーだった。ぼくは2PACが亡くなった1996年9月はロサンゼルスで仕事をしていたので、故人ゆかりのクラブやレコーディングスタジオといった場所に立ち寄ったときの、ぞっとするような空気感をよく憶えている。そこにはただ恐怖と憎悪の残り香《が》があった。

ラッパーが登場するずっと以前から、ブラックミュージックはならず者が跋扈《ばっこ》する世界だった。ジャズ、ブルーズ、ソウル、R&Bそしてヒップホップ。そんなカルチャーに強く心惹かれて裏口から音楽業界に入ったようなぼくだが、気づけばさらにそこからもうひとつ奥の芸能界の領域に足を踏み入れていた。裏口から入ったのだから、じつは「奥」こそがど真ん中だったのだが。

芸能の魅力は蓮の花に似ている。

蓮の花言葉は、「清らかな心」あるいは「神聖」。

「清らかな心」の由来は、蓮が泥水を吸い上げて美しい花を咲かせる姿から。インドでは極楽浄土が蓮の形をしているという説を聞いたことがある。いっぽう、「神聖」の由来はお釈迦様。釈迦が初めて歩いたときに、その足跡から咲いた蓮の花の上に立ち「天上天下唯我独尊」と言ったのだとか。

ぼくは芸能界それ自体を清らかで美しい場所だとは思えず、清濁併せ呑《の》みながら泥の中で美しい蓮の花を咲かせるのが芸能だと信じてきた。粗にして野だが、かがやきの素をたしかに含むもの。それを清らかに、また神聖に変えるハッピーな異化作用が「芸能」なのでは。そして、その作用が機能する場所を「芸能界」と呼ぶのではないか。

そんな芸能界のエコシステムの危険性と脆弱性は、その世界の住人だけでなくファンも何となく感じていたはずだ。でも「推し」のかがやきに憧れや思いを仮託することで、そこに巣食う人たちも「一線」は守っているはずだと信じこもうとしてきたのが実態ではないだろうか。だが「一線」は儚《はかな》いものになった。いや、昔からそうだったのかもしれない。今はそのことが可視化されただけで。ハーヴェイ・ワインスタイン事件をはじめとする「#MeToo」運動に関連したアメリカの性的虐待事件の数々、イギリスのジミー・サヴィル事件、そしてジャニー喜多川問題。

今なら、見える。

当事者になれとビヨンセは言った

政治家、官邸、芸能人、芸能事務所……彼らのことをメディアやSNSで言うたび、書くたび、支持者やファンからの反論や誹謗中傷でぼくのツイッターは荒れる。これは批判ではなく提言なのだとわざわざ明示しても、そこは見事に読み飛ばされてしまう。

ブロック機能を使わないぼくは、よほど忙しくないかぎりはそれらに目を通すようにしている。ほぼすべてが捨て垢と呼ばれる匿名アカウントだ。日刊ゲンダイ連載「メロウな木曜日」でも書いた通り、匿名で何をどう言われてもさほど気にならないぼくは、大概のことは「言うても匿名だしなぁ」で終わってしまう。鈍感力に恵まれた我が身の幸運を噛みしめるのである。

目を背けることなく捨て垢ツイートを観察し続けてきた結果、注目すべきデータを手にすることができた。それは、攻撃性の高いツイートの常に半数ほどは、じつは具体的な反論でも誹謗中傷でもなく、「黙れ」「売名か」「退場しろ」「しつこいぞ」「これ以上関わるな」といった口封じともとれるものなのだった。こういうときの「黙れ」は、「臭いものの蓋を取るな」と言っているようにぼくには感じられる。

「しつこいぞ」と言うだけのために1週間に数十件ポストする猛者もいるのだから、どっちがしつこいんだか。洒落が利いているにもほどがある。だったらぼくをブロックすれば済むものをと思うのだが、どうやらそういうことでもないらしい。「ぼくの声が聞こえない場所に行く」と「ぼくを黙らせたところまで見届ける」は別物なのだ。

女性として初めて欧州議会議長を務め、ホロコースト体験の優れた語り手としても知られたフランスの政治家シモーヌ・ヴェイユの自伝を読むと、ホロコーストから生き延びた後も地獄だったと述懐している。なぜなら「沈黙を強いられたから」。つまり、自ら黙秘することと他者に沈黙を強いられることは、まったく違う。

だからぼくはしつこく言い続ける。
世界の地獄化を止める唯一の方法は、声を上げることだと。

2020年6月7日、コロナ禍により卒業式の開催が厳しくなった状況の下、米YouTubeは全世界の大学生と高校生、彼らの家族を祝うために「Dear Class of 2020」なるオンライン仮想卒業式を催した。YouTubeらしくケイティ・ペリー、マライア・キャリー、アリシア・キーズ、クリス・マーティン（コールドプレイ）、BTSといった音楽業界の人気者が華やかなパフォーマンスも見せたが、これは卒業式。講演者（Commencement Speakers）の人選にこそ瞠目すべきところがあった。バラク・オバマ元米大統領、ミシェル・オバマ元米ファースト・レディ、コンドリーザ・ライス元米国務長官、ロバート・ゲーツ元米国防長官（実際にウィリアム・アンド・メアリー大学総長でもある）、人権運動家マララ・ユスフザイ、さらにエンターテインメントの世界からレディー・ガガ、BTS、そしてビヨンセ。

なかでも、ビヨンセの10分近くにおよぶスピーチは感動的だった。今でもYouTubeで全部観ることができるので、未見の方にはぜひご覧になることをお勧めする。白眉は終盤のこのくだりだ。

「目標を語るだけで終わりにしないでください。夢を見るだけで終わりにしないでください。行動に移さない人がいても責めないでください。あなたがそうなればいいのですから（Don't talk about what you're gonna do. Don't just dream about what you're gonna do. Don't criticize somebody else for what they're not doing. You be it. Be about it)」

長年アメリカのR&Bやヒップホップに淫してきた者にとって、"Don't talk about it, be about it"（理想の姿を語るな、理想の自分になれ）はなじみ深い常套句。そこに「行動しない他者を批判するのはやめましょう」という一節をさらりと織り込むところがビヨンセの女王たる所以。カッコいいってこういうことだよなぁ。すばらしい。まあ教科書英語的には"Actions speak louder than words"という有名な成句が近いのかもしれない。行動は言葉より雄弁、とか、行動あるのみ、といった強めのニュアンスが生まれるけれど。

ポイントは、歌う大富豪ビヨンセが豊かな語彙を駆使してこの説をよどみなく語ったところにある。ビヨンセが人種を超えたスーパースターであることは論を俟《ま》たないが、この日彼女は、自分が何よりもまずひとりの黒人女性であることを明言した。

その時点でのビヨンセの最新アルバムは、民主党のヒラリー・クリントンと共和党のドナルド・トランプが争った大統領選挙の年２０１６年に発表された『Lemonade』だったが、そこで彼女は、政治や人種差別についての自らの考えを臆することなく歌い込んでいる。同年のスーパーボウルに出演したビヨンセは、同アルバム収録曲「Formation」をパフォーマンスするにあたり、（少なくとも外見上は）女性ばかりのダンサー全員に黒いベレー帽を着用させ、それをトレードマークとするブラックパンサー党へオマージュを捧げた。その年結成50周年だった同党は、米カリフォルニア州オークランドで結成され、過激な黒人解放運動を展開した団体。同胞に武装自衛を呼び掛けて警察と衝突しながらも、食料配給や無償医療の推進にも努めた。党員の6割が女性だったと推定される。はっきりと政治色を打ちだしたこのパフォーマンスには保守派が噛みつき、アンチ・ビヨンセなる抗議運動も生みだすことになる。

そんなビヨンセが"Don't talk"と言うから、途轍もない説得力が生まれるのだ。その構造を見落としてはならない。そして"be about it"が意味するのは、他人事にせずに自分が当事者になれ、というメッセージ。

日本で暮らすぼくたちは、「語らない」にかけては年季入りのプロだ。1970年、当時50歳の三船敏郎を起用したサッポロビールのCM「男は黙ってサッポロビール」の美学は、いまもこの国に息づいている。寡黙を美徳とする人たちの土台は揺るぎないようにも見える。冗談じゃない。そんな態度が忖度の空気を蔓延《はびこ》らせたのではなかったか。

ぼくは今、先の常套句にリミックスを施す必要も感じている。

Let's talk about it to be about it.

理想を語れ、理想の自分になるために。

口をふさぐものは要らない。おれの歌を止めるな。

スマイルカンパニー契約解除全真相——「許してはならないこと」に声を上げる

おだやかな時間をこよなく愛して生きてきた。そんな自分が、55歳にもなって週刊誌記者に初直撃されようとは。ちっともメロウじゃないなぁ。短い、でもそこそこ長い人生には、時として想像もつかぬ場面が待っていることを思い知った。

きっかけは、2023年7月1日のツイートだ。

「15年間在籍したスマイルカンパニーとのマネージメント契約が中途で終了になりました。私がメディアでジャニーズ事務所と藤島ジュリー景子社長に言及したのが理由です。私をスマイルに誘ってくださった山下達郎さんも会社方針に賛成とのこと、残念です。今までのサポートに感謝します。バイバイ！」

山下達郎夫妻への憧れと尊敬

これがバズった。3日間で表示は何と2800万回を超えた。関心の矛先が向けられたのはまず、スマイルカンパニー（以下SC）とジャニーズ事務所（J）の関係だったようだ。次が達郎さんだろうか。

ツイートから24時間以内に、ぼくのもとには10社を超えるメディアから取材依頼が届いた。なかにはアポなしで仕事場を訪ねる記者も出てきたというわけである。彼らには一様に、丁重に断りを入れた。次のコメントは「メロウな木曜日」で出すと決めていますから、と言い添えて。

＊

1978年に山下達郎のマネージメント会社として始まったSCは、大所帯ではなく、強い営業力を誇るわけでもないが、たいへん居心地のよい事務所だった。ブラックミュージック愛好家同士で10年にわたる交流があった達郎さんに誘われて、ぼくの個人事務所は2009年に業務提携を結んだ。

ぼくは41歳になったばかりだったが、プロデューサー、作詞家、作曲家として、日本レコード大賞や年間最多セールス等は経験済み。だからSCに育ててもらったという感覚はない。むしろ、高まるリタイア願望を持てあましていた時期に、活力を得る場としてSCに合流したというのが実情だ。達郎さんは、いい音楽とおいしいワイン、そして往年の優れた日本映画を教えてくれる最高の先輩だった。時にはそれぞれの配偶者をまじえて多くの夜を一緒にくぐり抜けたことは、人生のうつくしい記憶としてこの先も色褪せないだろう。

　もちろん一緒に仕事もした。アルバム制作のお手伝い。何回ものラジオ共演。達郎さんが序文を寄せたぼくの音楽エッセイ本を、彼の番組でリスナーにプレゼントしたこともあった。出版パーティーでのスピーチも忘れられないなぁ。当時の社長の小杉理宇造《りゅうぞう》さんのキャリアは寡聞にしてよく知らなかったが、達郎さんがビジネスパートナーとして絶大な信頼を寄せていたのが、そのままぼくが小杉さんを信頼する理由にもなった。はしかのようなリタイア願望は自然と治まった。

　小杉さんはＪの関連会社の社長も兼務していたから、洋楽畑出身で邦楽事情に明るくないぼくでも、ＳＣがＪと近い関係にあることは知っていた。80年代からＪのアイドルに作品提供を続けてきた達郎さんも、ジャニー喜多川氏を尊敬していることをメディアで公言していたし。「ジャニー喜多川ってヤバいんでしょ?」とゴシップ趣味で質問をぶつけてくる知人には、たまにＪのグループに作品提供したり、番組で共演するくらいの関係のぼくにわかるはずないと答えていた。実際よくわからなかったし、そもそも喜多川氏にはさして興味もなかった。

　そんなことより、ＳＣの旗艦アーティストが山下夫妻という事実が、ぼくには何より重要だった。ふたりがこの国屈指の高い音楽的イメージと好感度を兼ね備えた夫婦であることは疑いようがない。憧れと、尊敬と、信頼と。それゆえぼくも、当初１回かぎりの予定だったＳＣとの年間契約を、その後14回も更新したのである。

BBCを観た後の、はげしい悔恨

蒙《もう》を啓《ひら》かれたのは2023年3月。喜多川氏の性加害疑惑の実態を暴く英BBC（英国放送協会）のドキュメンタリーを観たぼくは、したたかに打ちのめされた。これまで自分は一体どこに立って何を見てきたのだろう。いや、何を見逃してきたのだろう。はげしい悔恨の念に襲われた。だが、過ちては改むるに憚《はばか》ることなかれ。まずは注視、そして気になるところがあれば声を上げればいい。変えていけばいい。そう自分に言い聞かせた。

ジャニーズ性加害問題に向き合うとき、自分につよく律しているのは、被害者の古傷をえぐり出すような物言いは絶対にしないこと。それよりは建設的な提言をしたい。なぜならぼくの主目的のひとつはタレントを守ることであり、特定の誰かを攻撃あるいは断罪することではないからだ。SCで過ごした15年のなかで、Jが魅力的な才能の宝庫であることを痛感していたし、個人的に連絡をとるタレントもいる。彼らの活動をサポートしたいという強い気持ちがある。だからこそ、つとめて理性的で品位を失わない話し方を心がけてきた。

BBCの番組放映後、元J所属タレントの性被害告発が度重なり、それを受けて藤島ジュリー景子社長が動画と文書で公式見解を発表した。5月14日夜のことだ。たまたま翌15日の朝に福岡RKBラジオ『田畑竜介 Grooooow Up』に生出演を予定していたぼくは、スタッフの求めに応じて番組内で見解を述べた。社長は記者会見を開きましょう、第三者委員会を設置しましょう等々。本書第3章で読んでいただきたいが、突飛なことは何ひとつ言っていない。終盤のくだりを原文のまま引用する。

「今回の疑惑を放置することは、ジャニーズ事務所だけの問題じゃないと思っています。一番の弊害は、今回の報道やマスコミの有り様を見た子供たちが、もし性犯罪・性暴力の被害者になったとき、『声を上げても無駄だ』という諦めの気持ちになるかもしれないことです。疑惑を放置することで、社会全体が諦めの気持ちを子供たちに植え付けかねないのではと怖れを感じています。

メディア、広告業界、芸能界だけでなく、みんながこの問題を直視しない限り、性加害や性暴力は、この先もなくならないでしょう。音楽業界に身を置く私も正直つらいです。ましてや、こういう世界に憧れたことがある、あるいは憧れている家族がいる、といった人たちも胸を痛めているはずです。私たち一人一人が、この国が抱える問題として当事者意識を持ち、みんなで膿を出すというところに、舵を切るべきじゃないでしょうか」

読めば瞭然、これは批判ではなく提言だった。

いわば不敬罪による一発退場

書き起こし記事が Yahoo!ニュースになって配信されたのが翌16日。それを読んだ小杉周水

ＳＣ社長に本社オフィスに呼び出されたのが18日。理宇造氏の長男の周水くんは作曲家の顔を持ち、ぼくにとっては親しい後輩でもある。付き合いも家族ぐるみだ。彼は、こんなことで松尾さんと向き合いたくはなかった、性加害は当然許されないことだし、松尾さんの話も正論、でも……と、Ｊやジュリー社長の名前をメディアで口にすること自体を問題視し、マネージメントの中途解約を切り出した。いわば不敬罪による一発退場である。

無論ぼくは納得できない。その場で逆に提案をした。ＳＣは時代の声に耳を澄まし、対症療法ではなく体質改善を図っていくべきでは。具体的にはＪに依存せずに済むよう、自社の新しい才能育成を強化すればと。同時にＪに対しても提案したいことがあるので、ジュリー社長とつないでくれるよう請《こ》うた。だが周水社長が首を縦に振ることはなかった。涙を流しながら解約の弁をくり返す彼に、ティッシュを差し出すぼくまでもらい泣きしたのは一生忘れられないだろう。

ぼくは周水くんも守りたかった。それでも彼の主張は変わらず、これから山下夫妻の意向を確認する、それをふまえて来週以降もう一度会いましょうと紳士的に言った。その場で達郎さんに電話したい衝動を必死で抑えながら、ぼくは社長の発言を尊重して、メールを含む夫妻への直接の連絡は一切控えた。

6月2日、ＳＣオフィスで再会した周水社長は、ぼくの契約の中途終了に山下夫妻が〈賛成〉であることを告げた。ＲＫＢラジオ等での発言はいかにも松尾らしく正論でもあるが、これまでの山下家・小杉家・藤島家の付き合いの歴史を考えると、ＳＣに松尾が在籍し続けるのを認めるのは難しい。なぜなら、三家の付き合いはビジネスではなく「義理人情」なのだから、ということだった。ぼくはかつて達郎さんに、これこそ人生の一本だと１９３７年の名画『人情紙風船』（山中貞雄監督）の存在を教えてもらったことを思いだした。

「義理人情」は時代にあわせて変わっていくべき

ＳＣは6月末での契約終了を強く求めてきたが、業務の引き継ぎを考えるとそれはあまりに性急だとぼくは感じた。そもそも契約期間は12月31日までたっぷり残っている。せめて8月末まで待ってほしいと希望を伝えたのだが、ＳＣは強硬に6月末での終了を迫ってきた。ぼくも折れるしかなかった。契約終了の合意書の作成にあたっては素人の手に負えないので、かねてからその仕事ぶりに敬意を抱いていた喜田村洋一弁護士に代理人をお願いした。

この期に及んでも、どうしてもぼくに飲み込めないことが1点だけあった。周水社長からの報告という形でしか聞いていない山下夫妻の〈賛成〉だ。周水くんを疑ってはいない。ただ、四半世紀におよぶ付き合いのなかで自分が知る達郎さん、そして竹内まりやさんなら、本当に〈賛成〉するだろうか。その疑問が払拭できなかった。「義理人情」という言葉はたしかに重い。それはいいだろう。だが、その形は、時代にあわせてしなやかに変わっていくべきではないか。紙風船のように。

周水くんとの信頼関係を考えれば、だからといって彼を飛び越えて達郎さんに直接コンタクトを取るのはやはりためらわれた。ぼくは喜田村弁護士に、先方の代理人を務める弁護士へ尋ねてもらった。「松尾は、『山下氏と竹内氏が契約解除に賛成している』と社長から説明を受けているが、それは事実か」と。返ってきたのは「そうである」。この回答を確認するにおよび、ぼくは契約終了の最終合意に応じた。

ＳＣとの業務提携を終了後の初日となった7月1日のツイートは、事実関係に基づき一言一句を喜田村弁護士が確認済みの１４０字だった。達郎さんの名前を出したのは、彼とぼくの両者を知る人が当然抱くであろう疑問に予めお答えするためであり、それ以上の意味はないことを強調しておきたい。人生のなかで優先するものの違いに気づくのに、ぼくは少々時間がかかったということだ。

奇しくもその翌日（2日）、東京・中野区の中野サンプラザが閉館して50年の歴史に幕を閉じた。最後の日のステージに上がったのは、サンプラザ最多公演数を誇る達郎さんだった。真夏のように暑い日曜日、サンプラザに響いたのはエンド・オブ・イノセンス（無邪気の終わり）を描いて秀逸な名曲「さよなら夏の日」だろうか。あるいはＳｎｏｗ Ｍａｎ目黒蓮出演ＣＭで話題の新曲「Sync Of Summer」だったのか。

乱反射する「弾圧のブルース」

２０２２年６月に発表された山下達郎11年ぶりの力作アルバム『ＳＯＦＴＬＹ（ソフトリー）』は大した評判をとった。その中でもぼくが白眉と位置づけるのが、ゆったりとした、しかし骨太のリズムで歌われるビル・ウィザーズ調の「OPPRESSION BLUES（弾圧のブルース）」である。

アフガニスタン、香港、ミャンマーなどの騒乱に想を得て21年までには書いていたと本人が語る歌詞は、社会的弱者に寄り添う眼差しがすばらしい。古参ファンであれば、名曲「蒼氓《そうぼう》」を思い出さずにはいられないだろう。そして否応なくロシアのウクライナ侵攻も連想させる。この自作自演歌手が高い社会意識を持ち〈炭鉱のカナリア〉としての機能を備えていることのあざやかな証左となる一曲だ。

山下が声を振りしぼって熱唱する言葉たちは、まさにぼくの現在の心境とシンクロする。

「許してはならないこと　あったはずじゃなかったのか　ねえ、違うの？　なぜ、言えないの？
何も、出来ないの？　どうして？　どうして？　何も、言えないの？　どうして？　どうして？」

第2章

時代の音が聴こえる

© 共同通信社

少年隊・錦織一清が自叙伝『少年タイムカプセル』で語ったことと語らなかったこと

12歳でジャニーズ事務所に入り、20歳になった1985年、「仮面舞踏会」でレコードデビューした少年隊のニッキこと錦織一清。ジャニー喜多川、つかこうへい、このふたりの恩師の流れを汲む舞台演出家としてキャリアを積んだ彼は、喜多川氏が他界した翌年の2020年末、43年間在籍したジャニーズを盟友・植草克秀と共に退所。以後は舞台演出に加え、ソロ歌手として作品をリリースするなど、57歳にしてなお精力的な活動を展開している。

そんな錦織さんの自叙伝『少年タイムカプセル』が滅法おもしろい。よき理解者であるミュージシャン西寺郷太を聞き手に、錦織さんが生い立ちから喜多川氏との師弟関係まで語る。先ごろ出版された自伝的小説『90's ナインティーズ』（文藝春秋）でも絶大な効果を発揮していた西寺さんの細かくて密な網目の記憶力は、錦織さんから逸話を引き出すにあたっても有効だ。ふたりの対話を問答形式にまとめたのが、日刊ゲンダイ連載でも健筆をふるう細田昌志と聞けば、高いリーダビリティにも納得がいく。

「貧乏だったよ。風呂もなかった（略）四畳半と三畳のアパートに4人暮らしだからね。その二間しかない。川の字もいいところで家族4人で寝てさ。そこでずっと育ったから」

労働者階級の両親のもとに生まれ、東京の下町エリア江戸川区平井で育った少年の人生が大きく旋回するのは、小6の夏。フォーリーブスや郷ひろみのファンだった6歳年上の姉が、彼らが所属するジャニーズのオーディションに、容姿端麗で運動神経抜群の弟・一清を送り込むのである！　細田さんの筆致はこの辺りで最初の高みに達する。

「姉貴が『実は履歴書送っちゃったから、とりあえず行くだけ行ってよ』って（略）俺と同じくらいの歳の子供が7、8人いたかな。それでいきなり踊らされた（略）ジャニーさんがいきなり俺のところに来て言ったのよ。『YOU、天才だよ！』」

一清少年がびっくりするのも無理はない。

「だって『天才』と言われたのが初めてなら、『YOU』と言われたのも初めてだからね（笑）」

梅檀《せんだん》は双葉より芳し。さすがはジャニー喜多川が最高傑作と認める少年隊のリーダーにふさわしい、鮮烈なエピソードである。だが西寺さんの興味はここで止まず、さらなる秘話を引き出す。

「でも今にして思えば、手放しでジャニーさんに褒められたのは、これが最初で最後だったたかも」

晴れて錦織さんは合格、入所を果たすのだった。

さて、ここまで『少年タイムカプセル』の妙味を忌憚なく書いた。だが、あの衝撃的なニュースについても触れなければフェアではないだろう。ご存じの方も多いと思うが、日本時間の3月8日（水）早朝、喜多川氏の性加害疑惑の実態を暴く1時間のドキュメンタリーが英BBCで放映されたのだ。現時点で日本からは数分間の予告編しか観ることができないが。

ぼくはSMAPをはじめジャニーズにはいくつか作品を提供してきた。面識のあるタレントやスタッフもいるが、性加害の有無は知らない。ただ、未解決問題を抱えて他界した政治家を批判すれば「死者に鞭打つのか」ときつく非難されるような環境にいると、今回のBBC放映は、取材対象が亡くなろうと放免にはしない国のジャーナリズムの骨太さをまざまざと見せつけられる気がした。

ジャニーズという超大手芸能事務所の内部で、「倫理的に好ましくない何か」が常態化していたらしいと感じてきた人は、けっこう多いのかもしれない。だが、うっすら嫌悪感を覚えつつも、それはそれとして、同事務所のタレントによる歌舞や演技を心から楽しむことができる人も少なくないように見受けられる。この国の「普通」である。BBCの予告編に出てきたが、取材スタッフは、性加害の有無そのものより、疑惑を認識したうえで放置する、つまり実質的に容認しているニッポン社会が怖いといった内容のことを語っていた。

『少年タイムカプセル』では、性加害があったかどうか、その片鱗さえ描かれることはない。

２０２３年３月10日

安倍晋三とジャニー喜多川をめぐる「この国のカタチ」

前回の当コラムは結構な反響を呼んだらしい。前半でふれた少年隊・錦織一清さんの快著『少年タイムカプセル』ではなく、後半で言及した英ＢＢＣによる故ジャニー喜多川氏の性加害疑惑ドキュメンタリー『Ｊ－ＰＯＰの捕食者★』が主たる理由であることは明白だ。以前から疑惑を報じてきた週刊文春やＦＲＩＤＡＹ等を除き、ほとんどのメディアはこの件について沈黙を守った。それゆえ本連載は少しばかり目立ったようだ。とはいえ執筆時点では予告編しか観ることができなかったのだが。

じつは前回のコラムテーマは偶然の産物だった。本来の予定は、３月17日から公開される安倍晋三元首相の闇を探ったドキュメンタリー『妖怪の孫』。その企画プロデューサーである元経産官僚・古賀茂明さんのインタビュー記事が同じ日に載る予定と聞き、ネタ被りを避けることにしたのだ。翌週用に考えていた『少年タイムカプセル』と急遽テーマを入れ替えたところ、奇しくも英国内でのＢＢＣ『プレデター（原題）』放映とタイミングが重なった。両者には共通項がある。もちろん、今はなき喜多川氏その人だ。

『妖怪の孫』は、一昨年に公開されスマッシュヒットを記録した、邦画としては画期的な、現役首相（＝菅義偉前首相）を追う内山雄人監督のドキュメンタリー『パンケーキを毒見する』の後継作。天皇誕生日の2月23日、内山さんから誘われて参加した完成披露試写会には、「サクラが見る会」なる人を食ったようなタイトルが付いていた。そのことからも作品のムードは察しがつくだろう。

ぼくの両隣には、付き合いの長いラッパーのＫダブシャインさん、作品に出演もしているジャーナリストの鈴木エイトさんが座った。３人とも同じ１９６８年生まれ。しかもエイトさんも学生時代から20代半ばまではプロデビューを目指して音楽活動を続けていたらしい。ぼくたちは青春のど真ん中にポップミュージックが鎮座していた世代。昭和に生まれ洋楽まみれで感性を育み、20代〜40代をまるまる平成に捧げた３人なのだった。若い時分にライブハウスで邂《かい》逅《こう》してもよかった３人が、令和のいま、憲政史上最長の在任期間を誇る元首相のドキュメンタリーに向き合う。それぞれ違うはずの政治的スタンスを携えて。不思議といえば不思議。いや案外必然なのかな。

上映後のトークイベントに登壇した古賀さんが訴えたのは、終わったはずのアベ政治にわれわれの日常が支配される不条理。映画製作は「主役」の安倍元首相が暗殺されてから困難を極めたという。くだんの日刊ゲンダイインタビュー記事で思わず目が引かれたのは「安倍さんの呪縛から解かれて自由になるかと思ったら逆。『死者に鞭を打つのか』と」のくだり。ぼくが同じ日の当コラムで芸能界について語った次の一節とあまりに酷似しているではないか。「未解決問題を抱えて他界した政治家を批判すれば『死者に鞭打つのか』ときつく非難されるような」。そう、安倍晋三とジャニー喜多川、つまり政治と芸能を取り巻く状況は相似形をなしているのだ。ザッツ・この国のカタチ。

BBC『プレデター』の本編（全1時間）を入手してスマホで観た。画面には「行為」の様子を証言する元ジャニーズの男性たち。当時未成年だった彼らの生々しい告白を観れば、どんなジャニーズファンでも性加害疑惑を風評と受け流すのは無理だろう。ジャニーズと仕事を重ねてきたぼくも、告白を最後まで見届けるのは相当つらかった。記者はなおも糾弾を止めない。故人の行状を知る機会があっても、日本のメディアやスポンサーは誰も大きな問題にはせず、利益を生みだす仕組みを守ってきた。今なお故人の名誉は守られ、威光は利用され、仕組みも残っている、と。

スマホ画面がぐにゃりと歪んだ気がした。いま観ているのは政治？　芸能？　どっちの話だっけ？　頭がくらくらしてくる。うーむ、こうなったらもうどっちでもいいや。むにゃむにゃおっとヤバい。危うく思考停止するところだった。

ウェイクアップ俺！

ウェイクアップ日本！
ウェイクアーーップ‼

2023年3月17日

★現在では『J-POPの捕食者：秘められたスキャンダル』として、YouTubeで日本語字幕付きで観ることができる。

音楽は「生きる」と「夢を見る」のあいだにある

3月19日の日曜日、故郷の福岡市で音楽イベント「FUKUOKA MUSIC SUMMIT」が催された。そのトークセッション「街と音楽の記憶」に、ぼくは同じく福岡出身である俳優の光石研さん、松重豊さんとともに参加した。

同イベントを主催した福岡音楽都市協議会（MCCF）は、福岡を日本・アジアを代表する音楽都市にすることを目標に掲げる任意団体。音楽が街を豊かにした例としては、クラシックの街ウィーンやザルツブルク、ジャズの聖地ニューオーリンズやモントルー、あるいはロックのリバプール、テクノのベルリンなどが挙げられるが、MCCFが目指すのはまさにそういった成功事例だ。

ＭＣＦの仕掛け人にして理事の深町健二郎さんは、福岡ではつとに有名な放送タレントにして音楽プロデューサー。当然ながら福岡の街事情を知悉《ちしつ》している。地元局ＫＢＣの局アナ時代に深町さんと共演を重ねた高島宗一郎・現福岡市長をＭＣＦ顧問に、九州財界の重鎮である石原進・ＪＲ九州元相談役を同会長に据えたのは、深町さんならではの確かなプロデュースといえるだろう。同時に、アグレッシブな成長戦略を推し進める福岡市が音楽都市化を視野に収めていることも意味する。

名バイプレイヤー光石さんのキャリアの起点は、１９７８年の映画『博多っ子純情』。演技経験ゼロの高校時代に受けたオーディションを勝ち抜いての主役デビューだった。ぼくとはソウルミュージック愛好家同士の関係だ。そんな光石さんと親しい松重さんも、音楽へ寄せる愛情では負けてはいない。ＤＪを務めるＦＭ番組のマニアックさは音楽好きの間ではよく知られているし、若き日に下北沢の中華料理店でバイト仲間だった甲本ヒロトさん（現ザ・クロマニヨンズ。元ザ・ブルーハーツ）との長い交友も、知る人ぞ知る話。そうそう、ぼくの出身校の先輩でもあるのでした。

トークセッションは深町さんの司会でスムーズに進行した。まずは２０２３年１月に逝去した福岡出身のギタリスト鮎川誠さんへの惜別の思いを、３人がそれぞれの立場から述べてスタート。つづいて福岡の街と音楽の記憶を語り、話は音楽と映画の理想的な関係にまでおよんだ。なかでもDeep Sea Diving Club、kiki vivi lilyといった福岡の現行音楽シーンの人気者に寄せる松重さんの熱いトークに観客は沸いた（彼らはトークセッション後にライブ演奏を披露した）。

ところでMCCFには表看板となるWEBメディアがある。その名は「OTOJIRO」。これは福岡博多のエンターテインメントの始祖、川上音二郎に由来する。彼の一座が1900年に欧米興行を行った際にイギリスで録音した「オッペケペー節」は、日本人初の音盤レコーディングとされている。人口を考えれば特異といえるほど多くの有名シンガーやミュージシャンを輩出してきた福岡の音楽文化は、いわば創業者利益によってもたらされた面もあるのだ。先述した『博多っ子純情』の原作者で、川上音二郎の生涯に精通した漫画家の長谷川法世さんがOTOJIROで語るところによれば、博多の街は「もともと博多どんたく（毎年5月開催の祭り）の源流である博多松囃子があって、芸事の好きな風土」なんだとか。そんな博多っ子の気質を、地元では「のぼせもん」と呼ぶ。つまり情熱過多な土地柄ってこと。

音楽は「生きる」と「夢を見る」のあいだにあるというのが、30年以上音楽を生業《なりわい》にしてきたぼくの実感だ。生活を蔑《ないがし》ろにした音楽は必ずしっぺ返しを食らうものだし、音楽のような彩りを欠いた生活もそれはそれで味気ない。

目に見える生産性だけで計れない、でも心を豊かにする何か。音楽の魅力のありようは、そもそも都市に似ているのかも。畢竟《ひっきょう》「音楽と街」は「音楽は街」を意味すると思えてくる。川上音二郎が見た夢。その続きを見たいなら、現在を生きるぼくたちが自分で作っていくしかない。そしてそれはもちろん福岡だけの話ではないはずだ。

２０２３年３月24日

桐野夏生『真珠とダイヤモンド』が描く、バブルから現代に続く「終わりのない物語」

このひと自分に似てるかも。そんなキャラクターに出会えるのは小説を読む醍醐味のひとつ。思春期に読む太宰治作品とかね。昭和の高校には思いつめた表情で「『人間失格』はオレの話です！」と熱く語るヤツがクラスに何人かいたもんです。

だがそんな作品を読むことと「これって……自分も取材されたっけ？」といぶかしく思う小説に出会うことは、まったくの別物である。なぜそう言いきるかといえば、バブル期の狂騒と終焉を描いた桐野夏生著『真珠とダイヤモンド』を読み、その主人公がどうやらぼくの高校時代の「同級生」という設定であることに気づいたから。

同作は２０２１年4月にサンデー毎日で連載が始まったときから、著者が初めてバブル期に向き合うことで耳目を集めた。一気読みの快感を味わいたいぼくはあえて初回で読むのをやめたほどだ。翌月、桐野さんは女性初の日本ペンクラブ会長に就任。その際の「ジェンダーの視点が必要だとの総意と思い、不安もあったが引き受けることにした」（讀賣新聞）という発言は強い印象を残した。

以降の彼女は同クラブ会長として声明やコメントを連発する。当初そのことには少なからず驚きがあった。なぜなら、桐野夏生は社会的弱者である女性たちの窮状や憤りをあくまで小説というカタチに落とし込むことで、現代社会が抱える問題をいくつも浮び上がらせてきたからだ。弁当工場のパート主婦たち4名が自由を求めて行動を起こす初期代表作『OUT』、名門女子高内のヒエラルキーに現代の宿痾《しゅくあ》を見出す『グロテスク』のように、桐野作品にはシスターフッド（女性同士の連帯）を描いて優れたものがいくつもあるが、それらは例外なく小説形式を必要としていたと感じる。小説という矢でこの国を撃つ、とでもいうような。同世代の作家で一時はよく比較もされた髙村薫は、小説に加えてストレートな提言という形で社会と対峙するようになって久しいが、両者の表現の違いは生き方の違いであるかのようなイメージを双方の読者として抱きつづけてきた。

『真珠とダイヤモンド』は、バブルが上り坂にあった1986年に準大手証券会社に同期入社、福岡支社に配属された3人の新入社員が主人公。熊本の無名私大卒23歳男性、石炭産業衰退後の斜陽化著しい田川出身の短大卒20歳女性、貧しいシングルマザー家庭ゆえ大学進学を諦めて就職した福岡市出身の高卒18歳女性。最後の彼女はまさしくぼくと同学年。実家も近所、どうやら通った高校まで同じ（無論ぼくの妄想込みにしても）。それぞれの理由で東京を目指した3人は、いろいろありつつも全員上京する（これもぼくと同じ）。

バブル期ポップスの象徴として、ワム！の「ラスト・クリスマス」が出てくる。「季節外れでもいつでも聴きたい」というメタファーに、狂騒へのあまやかな憧憬を織り込む著者の名人芸。のちにＥＸＩＬＥがヒットさせた日本語カバーの作詞者であるぼくは、激しい動悸を感じながら読んだ。「ダサい歌詞で私の青春を汚された！」と百万回は罵倒されてきた日本語カバーだが、作者ジョージ・マイケルは快諾どころかとても気に入って手紙までくれましたよ。そんな彼も鬼籍に入ったけど。

誰彼かまわず中国ファンドを売りつける。ＮＴＴ株を捌《さば》きまくる。好色で金満家の福岡の開業医が、湾岸事業に関わる長崎のヤクザが、株の天才と呼ばれる兜町の風雲児が、ブランド品とホストクラブ遊びに夢中の銀座のホステスが登場する。かように小説のエンタメ度を高める細かい設定作業にも著者は余念がない。ダーティーな場面を描くときほど筆致が躍動して感じられるのも、桐野読者にとってはおなじみの昏《くら》さであり愉しさ。

令和の読者はバブルがほどなく崩壊することを知っている。依然として女は男に搾取されつづけていることも。だから派手な場面ほど読んでいて苦しい。せつない。そしてこの小説がたんなる「新しめの昔話」ではなく、現代と地続きの「終わりのない物語」であることに気づく。

必読の書である。

2023年3月31日

坂本龍一は、政治に従属を強いられる芸術の「居場所」を案じていたのではないか

先の日曜(4月2日)の夜、長時間のテレビ収録を終えたぼくは、ゴスペラーズ黒沢薫邸に向かっていた。日付が変われば黒沢くんは52歳になる。おめでたい。気の合う仲間で集って祝おうじゃないか。奇しくも、昨秋他界したぼくの父親も同じ日の生まれ。音楽の愉しみを教えてくれた父が初めて黄泉《よみ》で迎える誕生日に、いまを生きる音楽仲間たちとグラスを合わせるのは悪くないアイディアかも。そんな自画自賛的な気持ちもあった。

「坂本龍一さん死去」

タクシーの後部座席で開いたスマホのポップアップ通知に息を呑んだ。誘導にしたがって本記事を読むと、すでに先月28日に死去して家族葬も営まれたとあるではないか。享年71。黒沢邸に着いてもその話題でもちきりだった。

坂本さんががんの「ステージ4」であることは、2022年6月に公表されていた。ぼくはラジオ収録でNHKに15年近く通っているから、同年9月、同局内の509スタジオが彼のためにずっと押さえられていたことも知っていた。容赦なく体力を奪う病魔との力くらべのような命懸けのピアノ独奏が、8日間に分けて509で撮影され、年末の配信コンサートに結実し

た。それが最後のライブパフォーマンスになるという悲壮な覚悟が本人にはあったという。

息子を含むニューヨークの撮影チームがまとめた映像は、残酷さを感じさせるほど静かで、強く、美しい。砂漠の旅人が山羊《やぎ》の皮袋に入れた水を一滴残さず飲みほすように、音楽家・坂本龍一は「最後の一滴」への凄まじい執念を見せた。ＹＭＯの成功、映画音楽の分野での世界的名声だけが彼のすべてではないのだ。その音楽的功績については、多すぎて、大きすぎて、もうそれだけで字数が尽きてしまうほど。いずれ決定的な音源集や研究本が編まれるのを待ちたい。

音楽業界に身を置くぼくには、彼と共通の知人は少なくない。でもぼく自身は最後まで面識はなかった。坂本世代の力を借りずに新しい音楽世界を作りたいという厄介な反骨精神ゆえに、彼とその作品から身を遠ざけてきたのは否定できない。でも娘の美雨さんがＤＪのラジオ番組には、浮遊感ある佇まいと美声に惹かれてゲスト出演したわけだから、われながら生半可だよなあ。反骨を貫くのもけっこう難しいというオハナシ。

訃報を２０２３年１月に亡くなったＹＭＯの高橋幸宏と結びつけて悲しむ音楽ファンが多いのは当然だろう。でもぼくが真っ先に思ったのは、同じ３月に亡くなった大江健三郎だ。何しろ坂本と大江の両氏は長年そろってこの国の「左派文化人」の象徴であり続けたのだから。知識人や芸術家が政治や社会といった現実の問題に積極的に参加することをアンガージュマンというが、最もわかりやすく体現したふたりが、相次いで星になっちゃった。さあどうするニッポンの左派よ。

坂本さんは、ともすれば政治に従属を強いられる芸術の「居場所」を案じていたのではないか。政治に縛られたくなければ、政治に物を言うしかないと身をもって証明しているようでもあった。２００１年のアメリカ同時多発テロ事件を現地で体験した彼は、その数ヵ月後にTBS「筑紫哲也NEWS23」（テーマ曲を作曲）に出演、「音楽にできることは何か」と訊かれて「（市民と兵士と統治者に）音楽という人類にとって宝のようなものがあることを思い出させる音楽が必要」と答えた。また２０１２年には脱原発デモで「たかが電気のために（なぜ命を危険に晒されなければいけないのか）」と発言、賛否両論を呼んだ。彼のこうした独特の表現は時として言葉足らずだったかもしれないが、いつだって考えるヒントに満ちていた。

坂本さんの父親が、昭和のアンガージュマンの代表格である三島由紀夫（『仮面の告白』）や小田実（『何でも見てやろう』）を担当した名編集者・坂本一亀というのは、知る人ぞ知る話。ひとりっ子の坂本さんに大きな影響を与えたことは言うまでもない。音楽の子は言葉の子でもあった。

２０２３年４月７日

「最大の悲劇は悪人の暴力ではなく善人の沈黙である」

今週月曜（4月10日）、福岡RKBラジオの朝ワイド『田畑竜介 Grooooow Up』で早稲田大学セクハラ事件の東京地裁判決について話したところ、たいへんな反響があった。番組の内容が掲載されたYahoo!ニュースは、九州・沖縄地区でアクセス数首位を記録。それを読んでぼくに連絡をとってきた首都圏のメディアもあったほどだ。

判決は、早大大学院で指導教官だった文芸評論家の渡部直己氏（71歳）からセクハラを受け、大学も適切さを欠いた対応をしたとして、現代文芸コースの元院生で詩人の深沢レナ（筆名）氏（32歳）が渡部氏と早大に計660万円の損害賠償を求めた訴訟に対してのもの。訴状には、16年入学の深沢氏は、渡部氏からふたりきりでの食事などを求められ、17年には「俺の女にしてやる」と言われたとある。大きな精神的ダメージを受けた彼女は授業から足が遠のき、18年3月には退学。その後相談した学内のハラスメント防止室は、退学者の訴えは取り上げないと受け取れる対応をしたという。東京地裁は双方に合わせて約60万円の賠償を命じた。

一見勝訴のようでいて、この数字は安い。安すぎる。年間授業費にも満たぬ金額、と書けばわかりやすいか。しかも深沢氏はセクハラに加えて教員の立場を利用したアカデミックハラスメントもあったと訴えていたが、東京地裁はその主張を退けた。「たった一度の過ち、冗談を言っただけ」という渡部氏の説明に納得しかねる彼女は、判決後の記者会見で「セクハラはたった一度の過ちなどではありません。被害者のその後の人生を決定的に変えてしまいます」と語った。

一方の渡部氏はどうか。この問題を受けて18年7月には教授を解任された渡部氏だが、すでに「復権」を果たしているとぼくの目には映る。翌19年には早くも主要文芸誌で健筆をふるっていたし、2022年刊行された単著に至っては、柄谷行人(81歳)と蓮實重彥(86歳)というこの国の「知の巨人」ツートップがそろって帯に推薦文を寄せているのだ。権威中の権威のお墨付きを得た加害者。深沢氏の心痛はいかばかりか。同情を禁じえない。

あー、地獄。反吐が出る。

こんな物言いはぼくにしては珍しいかもしれない。告白すると、じつはぼくもかつて同じ大学で渡部氏の授業を受けていたのだ。もう30年以上も前の話だから、渡部氏もまだ30代後半か。現代文芸の授業中に新進女性作家の名前をだして「小説だけじゃ食えてない。俺が面倒を見ている」と自慢げに言い放ったことをよく憶えている。今回の「俺の女にしてやる」報道を見て、まだそんなこと言ってたのかと呆れを通り越して哀れみすら覚えた。そういえば、好きな作家を問われて連城三紀彦の名前を挙げたぼくに「こんなバカが俺のクラスにいるなんて信じられない。単位ならやるから出て行け」と面罵したこともあったな。渡部氏だけでなく、ぼくに一瞥《いちべつ》もくれずに暴言を黙って聞き流す学友たちにも幻滅と絶望を感じたものだ。

記者会見で深沢氏は「ハラスメントによって奪われるのは修士号のように目に見える形のものだけではありません。わたしにとっては、それは文学でした」と述べた。ぼくは彼女よりハートが強かったわけでもない。もう文学なんて距離を置けばいいやと思えたのは、たまたま自分には音楽があったから。大学に文句を言うわけでもなく音楽に逃げたぼくもまた、渡部氏のような傲慢尊大な教員をのさばらせることにきっと加担していたのだ。

「最大の悲劇は悪人の暴力ではなく善人の沈黙であり、沈黙は暴力の陰に隠れた同罪者である」。キング牧師の言葉を思い出す。傍観者になるのはやめ、勇気をもって声を上げよう。難しいことだけどね。気づけば自分より若い人に囲まれることが増えたぼくも、彼らが何か言い出せない雰囲気を作っていないかどうか気をつけながら日々を積み重ねていきたい。

最後に。早大は賠償金60万円とは別に深沢氏に学費を全額返還せよ。そして現代文芸コースは彼女に謝罪すべし。話はそれからだ！

2023年4月14日

ぼくに小説執筆の疚しい快感を教えた藤田宜永を追想する

作家の小池真理子さんのお招きを受けて、彼女が暮らす軽井沢を訪ねた。大切な目的があった。真理子さんの夫・藤田宜永さんのお骨との対面である。

藤田さんが肺腺がんで亡くなったのは、日本初の新型コロナウイルス感染者が確認されて2週間後の2020年1月30日。享年69。その後猛威をふるったコロナ禍のせいで、ご位牌に手を合わせることはずっと叶わずにきたが、ついに実現する運びとなったのだ。届いたメールの最後には「藤田ともども愉しみにしています」とあった。

藤田宜永はぼくに小説執筆を勧めた初めての作家だ。でも彼の本を読みだす前からぼくは小池真理子ファンだったし、先に会ったのも彼女。つまり藤田さんは憧れの男性であり、憧れの女性のハートを射止めた男性でもあった。

2002年、ある対談で親しくなったぼくたちは、それからいくつかの夜を一緒にくぐり抜け、そのたび眩暈するほど膨大な言葉を交わし合った。「生きることとすべてが小説の具」と言いきる彼は、実際にぼくが案内したヒップホップクラブで想を得た小説『リミックス』を上梓した。初めて行った渋谷円山町のクラブで、彼が「スターになるのはあの子だね」と明言した女性ラッパーこそ、その2年後に「Ｓｔｏｒｙ」でブレイクするＡＩちゃんだったっけ。

「いまは歌詞を書いているけど、松尾さんは小説を書きたい人だろう」。あるときから藤田さんはそう言うようになった。文芸を学びたくて入った大学で尊大な指導教員に幻滅して以来、作詞したり音楽の文章を書いたりはしても、小説はあくまで読むものと割りきってきたぼくに、彼は小説を書くことの愉悦と恍惚を熱く語った。

「音楽で名前が大きくなると書けなくなるよ」と警告もした。それが親切心からであることはわかるし、感謝の念もある。でも小説は音楽に優るとも受けとれる藤田さんの物言いに、当時30代前半のぼくは反発した。五木寛之、なかにし礼、山口洋子、伊集院静……作詞家から小説家へと華麗に転身した先達がいるのは重々承知。だが自分は広い意味での〈物語〉が好きなのであり、それは歌を作ることで十分に満たされている。藤田さん、ぼくにとっちゃまず音楽が〈物語〉なんですよ、と。

　そのとき点けられた種火は、胸の奥でくすぶりながらも消えていなかったらしい。２０１３年、作家の白石一文さんが初対面のぼくに向かって発した「あなたは小説を書く人だ」には、そのころ疎遠になっていた藤田さんの声が重なって聞こえた。脱稿するまではあえて告げるまいと心に決めて執筆に着手した。がしかし、どんなに長引いても3年もあればゴールできると高を括《くく》って始めた執筆は、訃報が届いた２０２０年1月でも迷走をつづけていた。彼の死がもたらした悲しみと自分の不甲斐なさの入りまじった感情が、その後どれほどつよく背中を押してくれたか。初小説『永遠の仮眠』の見本があがったのは、藤田さんが星になってちょうど1年が経った2021年1月のことだった。

現在なら藤田さんの言葉たちの真意もわかる。一編の小説を書くのはそれだけで貴重な人生経験だ。書き下ろし長編ならば尚更。ぼくもその数年間は、実生活の家族とは別にもうひとつ秘密の家庭をもっているような後ろ暗い快感があった。小説を書く醍醐味のひとつは、疚《やま》しさを快感に昇華することなんだな。藤田文学の頂点『愛の領分』も大人の疚しさが最大の魅力だったではないか。

瀟洒なご自宅で久しぶりに会う小池真理子は、やはり美しいひとだった。憧れの女性と初めてふたりきりで過ごす時間。終始明るい雰囲気で、思い出話に花が咲く。誰も入ったことのないという故人の仕事場も見せていただいた。

「あなたに小説執筆をつよく勧めたのは藤田だから」の言葉に胸が塞がりそうになる。自分に疚しさはないかという疑問を封じ込めるために、間断なく喋りつづけた。幸せだった。少年時代から〈物語〉に求めてきたすべてがそこにあった。

リビングの巨大な全開口窓の向こうは、あいにくの曇天。赤ワインの抜栓を買って出る。シュポンと心地よい音を立ててコルクは抜けた。

「藤田もいればねー」

明らかにふざけた口調で真理子さんが言う。鼻の奥がツンとして、曇天がにじんだ。

2023年4月21日

野木亜紀子と松岡茉優という二つの弩級の才能が起こす化学反応

4月29日（土）19時からWOWOWで放送されるライブ特番『東方神起 LIVE TOUR 2023 〜CLASSYC〜』にぼくは出演する。メンバーふたりとの鼎談はすでに収録を終えており、今回は3月に放送されて好評を博した第1弾の続編となる。ハイ、以上シンプルに番宣でございました。

同番組を自分でも観るべくWOWOWに再加入したのは、3月下旬のこと。なぜ「再」かというえば、90年代から観てきたWOWOWだが、Netflix（ネトフリ）やAmazonプライム・ビデオ（アマプラ）といった動画配信サービスを利用するにつれ遠ざかってしまい、コロナ禍に入って断捨離の一環として解約したのだ。今回再加入して初めて知ったが、WOWOWも2021年から動画配信を本格化させていたんですね。ぼくみたいに知らなかった人は結構いるんじゃないか。いまはテレビがなくてもスマホでWOWOWの全放送や多数のコンテンツを楽しむことができるのだった。

WOWOWオンデマンドなる見逃し配信サービスで何気なく観たのが、オリジナルドラマ『フェンス』の初回。2016年の『逃げるは恥だが役に立つ』でドラマ界の頂点に立ったらしい脚本家・野木亜紀子による書き下ろし作品である。「らしい」には理由があって、ぼくは『逃げ恥』にかぎらず作品をきちんと観たことがなかった。ウィキペディアで調べたところ、辛うじて2020年の映画『罪の声』だけは観ていたが。それさえ当時は塩田武士の原作小説への興味で鑑賞したので、正直脚本家にまでは思いが及ばなかった。

そんなぼくが、内容もキャストもスタッフも知らずに観た『フェンス』第1話だけで、脚本の野木と主演の松岡茉優に完璧にやられた。オンデマンドは放送より先行で配信していることを知ってからはネトフリ気分で観た。最終回第5話を観終えたときは全身がシビれて茫然とした気持ちに。すごい才能に触れた興奮。その作品が与えてくれる気づきと感動。シビれを反芻しながら「松岡茉優さんってすごい俳優」だの「野木亜紀子の時代!!」といった賛辞をツイッター（現X）に並べ立てる始末。周囲に「そんなに野木亜紀子ファンだっけ?」と訝《いぶか》しがられたのも無理はない。

番組公式サイトの〈みどころ〉にはこうある。「日本ドラマ史上初の肌の色の違う女性バディが、復帰50年を迎えた沖縄を舞台に性的暴行事件の真相を追う、エンターテインメント・クライムサスペンス!!」。この惹句に偽りはなく、『フェンス』は謎解きが魅力の事件ドラマとして、つまりエンタメとしてすばらしいとまず強調しておきたい。だがもちろんそれだけではほぼくも騒ぎません。このドラマには驚くほどたくさんの社会的問題が織り込まれているのだ。日本が長年沖縄の地と人に押しつけてきた問題。性暴力。性的搾取。人種差別。経済格差。家父長制などなど。残念ながらいまの腰抜け地上波じゃムリ。絶対ムリ。

松岡茉優演じる主人公キーは元キャバクラ嬢にして現在は月刊誌ライター。と書けば「そんな転身あるわきゃない」とか、逆に「あー、ドラマにありがち」という容赦ないツッコミが入りそうだ。じつは観はじめたときのぼくもそのひとり。でもキーの経歴に象徴されるすべての設定には真っ当な理由と必然性があった。登場人物たちの勇気と弱気、良心と邪心、誠実さと小狡《こずる》さ……野木はその両端、いわば白黒を明示することを厭《いと》わない。肩の凝らないエンタメづくりに従事する者として最低限の責務を果たすかのようだ。

だが同時に、両端の間に横たわる巨大なグレー領域のグラデーションを細やかに、それは細やかに描いてもいく。あまりの丹念さは説明臭が発生する危険性を孕んでいるが、そうはならないという強い自信も感じる。俳優への絶対的信頼に由来するものだろう。例えば、宮本エリアナ（初ドラマとは信じがたい達者さと存在感だ）演じるブラックミックスの桜が複雑な出自を語る場面がある。注意深く聞いていたキーは、話が終わると反応に困ったように視線を泳がせる。微妙に完成度の低い作り笑いで、沈黙を回避するかのようにボソボソと「詳しくありがとう」と言い、中途半端に会釈する。その贅肉のないセリフと精密な演技は、〈説明〉を〈リアリティ〉へと反転させるにふさわしい。

野木亜紀子と松岡茉優という二つの弩級《どきゅう》の才能が起こす化学反応。『フェンス』、必見である。

２０２３年４月28日

異能の保守思想家・福田和也の「舌の感覚」には説得力がある

大型連休は、友人を訪ねて旅に出た家族と離れてひとり東京に残った。作曲、番組収録、執筆といった仕事があったからだが、スケジュールは散発的でさほどタイトでもなかった。

40代はこういうときこそ絶好のチャンスとばかり、仕事を極力早めに済ませて馴染みの店や気になる店を飲み歩いたものだ。30代は東京に残ること自体が殆《ほとん》どなく、仕事が済まずとも旅に出た。同行する恋人なり家族なりが寝静まった真夜中にホテルの机に向かう。客室に十分な広さがなければ、バスルームに籠もってPCのキーを叩く。ほとんど徹夜で朝を迎え、起きてきた同行者と一緒に朝食をもりもり食べ、旅を続けた。

さらに20代にまでさかのぼればどうだったか。そうだ、あの頃はひと月ぶんほど先行して執筆や収録を済ませて海外に飛ぶのが常だった。非常時に備えて担当編集者やディレクターにあらかじめ宿泊先を告げることにも、大した抵抗を感じていなかったな。スマホもネットも普及していない時代、原稿を送るファクスをさがして、南欧の田舎町を丸一日駆けずり回ったこともあったっけ。

こんな犬も食わぬノスタルジアをなぜ延々と披瀝したかといえば、けっきょく大型連休は1冊の本をじっくりと読みながら過ごし、その視座に少なからず共感を抱いたから。異能の保守思想家・福田和也の新エッセイ集『保守とは横丁の蕎麦屋を守ることである』（河出書房新社）である。

同書は、2020年の暮れにサンデー毎日で始まった不定期連載「コロナ禍の名店を訪ねる」をまとめて加筆したもの。著者の近影を見てその痩せように言葉をうしなう人もいるだろう。80キロを超えていた体重は30キロ以上減ったらしい。連載時にリアルタイムで読んで2年あまり経ったエッセイを、コロナの感染症法上の位置づけがインフルエンザと同じ5類に移行する直前に再読するのは、なかなかに滋味深い。この2年半に世界とこの国で起こったことを思いだしてみると、少々計算が合わないという錯覚にとらわれるほどだ。

まず書名がすばらしい。著者の主張を語ってこれ以上のものはないのでは。このフレーズが大正生まれの保守論客だった福田恆存が生みだしたアフォリズムであることは、本の前半で早くも種明かしされる。重要なのはこのすぐれた箴言《しんげん》が著者と坪内祐三を結びつけていたという事実だ。

日本初のコロナ感染者が確認されたのは2020年1月15日。坪内祐三はその2日前に61歳で逝った。2002年から16年間、週刊SPA!で「文壇アウトローズの世相放談 これでいいのだ!」を一緒に担当した坪内さんとの関係性を著者は述懐する。「保守論客で仲がいいとみられていたけど、実は多くの点で反りが悪かった。ただ二人とも『保守とは横丁の蕎麦屋を守ることである』という福田恆存の言葉を信条としていた」。そうか、対談タイトル自体が保守論壇のアウトロー福田恆存へのオマージュだったのか。同時期にSPA!で連載していた自分はちいさな感傷をおぼえた。

本の帯にもあるように、福田和也は「美食と痛飲」のイメージを背負ってきた。だが時に夜の街で見かけることもあったぼくの目には「鯨飲馬食」と映った。無論、飲食だけではなく著作数の夥《おびただ》しさへの嫌悪に近い感情が前提としてあったのだが。

著者はこうも言う。「私の言う保守は政治イデオロギーではない。政治というよりは文化、文化の中でもより生活に密着した、日常茶飯事に関する文化に対して鋭敏であるということだ」と。

当コラムでもくり返してきたように、政治的にリベラルと分類されがちなぼくも、いち消費者としてはかなり保守寄りと自認している。石原慎太郎への評価をはじめとして、福田さんの言説には首肯しかねる部分が多いけれど、彼のすすめる店は驚くべき高確率で旨いんだよなあ。舌の感覚によせるものほど大きな信頼がほかにあるだろうか、と思わせるだけの説得力がある。

上野の蕎麦屋「蓮玉庵」の暖簾《のれん》前に佇む痩軀の著者。表紙写真に選んだ意図を読み解くなら、この本は量（クオンティティ）が絶対的担保として表現者の質（クオリティ）の評価となった時代への、著者なりの挽歌でもあるのだろう。メロウ。

２０２３年5月12日

ジャニーズ問題に声を上げるのは、芸能の裏方としての生理

最初に告白しよう。この件で本連載の貴重なスペースを費やすことを、ぼくは不本意だと感じている。正直なところ、この件についてはもう何も言いたくない、書きたくない気持ちが強い。実際そんな選択肢もあるはずなのだ。

では、なぜ口を開き続けるのか。ＳＮＳやヤフコメで心ない罵倒を浴びると分かっていても、言葉を尽くしてしまうのはなぜか。英雄的に振る舞いたいのではない。ましてやマゾヒスティックな快感に酔いたいわけでもない。自分は穏やかな生活を好むタイプだし、正義感なんて爪の垢ほどしか持ち合わせていない。時に愚痴や陰口で家族や友人を失望させてきた卑小な人間だ。そんなぼくが口を開くにはいくつかの理由がある。だが最大の理由はと訊かれたら、迷わずこう答える。

「見て見ぬふりは気分が悪いから」

そう、いつも人を動かしてきたのは正義より生理ではなかったか。

前置きが長くなった。「この件」については詳しく述べるまでもないだろう。日曜（5月14日）の夜9時、ジャニーズ事務所公式サイトで、藤島ジュリー景子社長が謝罪し、見解が発表された。故ジャニー喜多川氏への度重なる性加害告発に対し、動画と文書で応えたかたちである。

ぼくはSMAP、NEWS、ジャニーズWESTといった同社のグループに曲提供したことがあるが、ジュリーさんに会ったのは一度きりだ。20年ほど前、NEWSデビューに際してのミーティングだったと記憶している。そのかぎりにおいて忌憚なく言うなら、上品で聡明な同世代の業界人という印象。巷で喧伝される悪いイメージからはほど遠い。

ドラマ『3年B組金八先生』等に出演していた元俳優とはいえ、現社長の彼女が顔を出して謝罪したのにはたいへん驚いた。同社トップだった叔父のジャニーさんも母親のメリーさんも、表に顔を出さない裏方という姿勢を終生にわたり貫いたからだ。遅くはあったが、老舗の社是を変えて顔出しに臨んだ決断は、現トップが事態を深刻に捉えていることを証明するには十分だった。ジャニーズファン有志が性加害の検証を求める1万6000筆の署名を事務所に提出したことが、決定的に彼女の背中を押したのではと個人的には思っている。アイドルビジネスを主業務とする芸能事務所にとって、ファンダムの崩壊は最大の悪夢だから。

動画と文書の要点は、４つの「しません」。①記者会見しません、②事実認定しません、③第三者委員会設置しません、④引責辞任しません。さすがにこれで納得できるファンなんていないよとぼくも微苦笑を禁じ得なかったのだが、ネットを見ると実際には沢山いるんですねぇ。それどころか「ジュリーちゃんよく頑張った」という同情の声まで散見されるのだった。困った親や上司を持つ人が彼女に親近感を抱くのは頷けるとしても、これ、毒親論じゃなくて企業ガバナンスの話なんだけど。そんな心理を誘発するための謝罪動画だとしたら、まさに狙い通りで罪深いですよ、ジュリー社長。

ぼくが抱いたのは、タレント最優先（ファースト）の原則を死守しなければこの国のこの業界は滅びるという危機感。芸能界の裏方としての本能、それこそ生理だった。矢も盾もたまらず、日付も変わらぬうちにツイートした。全文は以下の通り。

「まずは記者会見を。企業の不祥事は数あれど、文書と自社動画だけで謝罪を済ませた例はどれくらいあるのか。『エンタテインメント業界という世界が特殊であるという甘えを捨て』る覚悟がおありなら、ジュリーさん、これを機に膿を出しきりませんか。才能ある所属タレントの未来を守るためにも」

自社や仕事先の企業トップの困った行状にどう向き合うか。無論どの業界でも現場には現場の現実（リアリティ）があるだろう。だがリアリズムにかこつけた黙認と忖度の蓄積は、「口は禍の門」「雉《きじ》も鳴かずば撃たれまい」といった服従性を肯定するカビの生えた訓戒をさらに強固にするだけ。寡黙を日本の伝統として褒めそやすのは、もう止めにしませんか。そんなのは伝統にあらず、たんなる悪習なんだから。ああ、今日も気分が悪い！

２０２３年５月19日

週刊朝日１０１年の歴史の最後に、ぼくは挽歌をうたう資格を得た

「さらば週刊朝日、最終号まで買ってやるからな」と宣言（本書第４章に収録）して、はや４ヵ月。その日がやってくる。５月30日発売号をもって週刊朝日が休刊するのだ。紙文化、いよいよもって死ぬがよい、か。

その原稿の中で、ぼくは同誌を宅配購読する家で育ち、以来およそ50年読みつづけてきたことを明かした。それなのにずっと無視されてきたことへの不快感も。柳沢慎吾ならここで「あーばよ」と言って立ち去るはずだ。だがぼくの狭量を甘く見てもらっちゃ困る。コラムはこう終わる。

「半世紀も愛読してきたぼくなりのメロウな挽歌である。最終号まで買ってやるからな」

好きをこじらせた独白には賛否さまざまのご意見・ご感想が寄せられた。誠にありがたいことである。いずれも週刊朝日、ひいては週刊誌文化がどれだけ根強く愛されてきたかを語って

余りあるが、なかで最も教養の香り高く、かつ最も手きびしいのは以下のご指摘だろう。

「挽歌はもともと中国の葬送で柩《ひつぎ》を載せた車を引きながら歌うもの。いまでは人の死を悼む歌の総称とはいえ、所詮週刊朝日の一読者に過ぎない松尾さんは、歌い手としてふさわしいだろうか」

うーむ……く、くやしい。ぐうの音も出ないとはこのこと。だってその通りなんだから。たとえ週刊朝日を半世紀読もうが1世紀読もうが（さすがにそんな人はいません）、自分は一介の愛読者でしかない。現実を突きつけられた気がした。

ところが、捨てる神あれば拾う神あり。コラムに興味をもったサンデー毎日から、週刊朝日の編集長にインタビューしてウチで書いてみませんかとお声がけをいただいたのである。

サンデー毎日といえば、週刊朝日と同じ1922年に創刊された宿命のライバル誌。いわば百年戦争の戦勝国である。勝ち組がこんな企画を出すなんてずいぶん意地悪だな。まず、そう思った。『史記』に「敗軍の将は兵を語らず」という有名な一節があるけれど、今回はその口をこじ開けて語らせようっていうんだから。だが、解散寸前の週刊朝日編集部を訪ねるという案への好奇心はなかなか抑えがたく、ぼくは初めて朝日新聞東京本社に足を踏み入れることになった。

地下鉄大江戸線・築地市場駅の真上で威容を誇る本社ビル。その〈ご立派さ〉には、これだけの建物の中で週刊朝日が存在感を維持するには、やはり7万台くらいの発行部数じゃ足りないのかもという妙な説得力がある。受付の厳重なチェックをくぐり抜けて、エレベーターに乗って編集部のあるフロアへと向かった。

週刊朝日の最後の編集長は、1970年生まれの渡部薫さん。初対面。大きな目でしっかりとこちらを見据えた彼女は、ある種芸能人的な華やかさも感じさせる人物だった。開口一番、ぼくのコラムを「ツイッター経由でネットで拝読」したとおっしゃる。そうか、リアル紙面で読んだわけではないのか。これもまた妙に説得力があった。紙文化の衰退と「リベラルがかっこいいと思われていた時代」の終焉がニアリーイコールであることを裏付ける、じつに生々しい証言だと感じたから。

さて、ふたりの対話のそこから先は、週刊朝日最終号と同じ5月30日に発売されるサンデー毎日を読んでいただくとして——。

話はここで終わらない。ぼくの訪問に気づいた編集部スタッフから取材申し込みがあり、後日ジャーナリスト安田浩一氏から休刊についてのインタビューを受けたのだった。さらには最終号のアンケート特集に参加を請われて回答もした。

つまり週刊朝日101年の歴史の最後に、ぼくは読者から執筆者へと変態したのである。その瞬間、柩を引く、つまり挽歌をうたう資格を得たと言えるのではないか。たぶん。それにしても、まさか最後にこんな壮大な伏線回収が待っているとはね。過去は変えられなくても、手にする未来で過去の意味を変えることはできる。できたぞ。ありがとう週刊朝日。いざさらば！

2023年5月26日

『渇水』の生田斗真はジャニーズの宝である

日本共産党の志位和夫委員長が「アベノミクスの株高で一番儲けたのは、ユニクロ柳井会長一家」とツイートしたのは2013年5月。そのきっかり10年後の先月、柳井家の次男・柳井康治氏が初プロデュースしたヴィム・ヴェンダース監督作品がカンヌ映画祭で披露され、主演の役所広司が男優賞に輝いた。いつの時代も映画製作にはパトロネージュが機能することを痛感させる出来事ではあったが、ユニクロマネーでヴェンダースに撮らせた映画を邦画と呼ぶことにぼくはいささかの躊躇がある。いま「邦画」の定義は危うい。

さて、『渇水』である。

今年の暫定ナンバーワン邦画と断言しよう。監督は髙橋正弥。その名を聞いてピンとくる人はそうそういないはず。というのも、1967年生まれの髙橋は「助監督のベテラン」として重宝されてきた人物なのだ。相米慎二、森田芳光といった鬼籍に入った名匠から、根岸吉太郎、宮藤官九郎のような現役のビッグネームまで、髙橋がチーフ助監督を務めた作品は少なくない。

映画は、猛暑続きのある夏の話。群馬県高崎市の水道局員・岩切の業務は、滞納家庭を訪ねては水道を止めて回る「停水執行」。県内全域で給水制限が発令される中、岩切は父親が蒸発し母親も出て行った家に残された幼い姉妹と出会い、葛藤しながらも規則に従って停水を執行する。姉妹と近い年ごろの息子をもつ岩切には家庭内での悩みもあり……そんな彼が「流れ」を変えるべくとった行動とは？　社会の底辺で貧困を生きる者たちのドラマとして、是枝裕和やケン・ローチの作品群を思い出す人も多いであろう傑作だ。

『渇水』には同名の原作がある。１９９０年上期の芥川賞候補にもなった河林満の小説だが、作品も作者も有名とは言いがたい（映画を配給するＫＡＤＯＫＡＷＡが4月に文庫で復刊した）。河林は２００８年に57歳で他界したが、彼の友人に映画化の検討をもちかけられた髙橋は、同い歳の脚本家・及川章太郎と組んで脚本化を進めた。すでに10年ほど前から映画業界では「いい脚本があるらしい」と評判になっていたという。

事態が大きな展開を見せるのは、『孤狼の血』シリーズで日本映画界を牽引する存在となった白石和彌監督が脚本に惚れ込み、企画プロデュースに参画してから。『渇水』の仕上がりが白石の作風とはまるで異なるところに、髙橋＋及川コンビと同世代のぼくは胸が熱くなる。無名の先輩・髙橋の才能を尊敬する「大後輩」白石のやわらかな眼差しが、この作品の背骨にはある。

世に出るまで時間はかかった。だがバブル景気下に出た原作に描き込まれた社会の格差がより広がった現在、作品のメッセージが必要とされる度合いは大きくなった。つまり原作に〈時代の演出〉が加わった。悲しいことだが。映画で髙橋と及川は原作の悲劇的ベクトルを鮮やかに変換させているのだが、それは観てのお楽しみ。

つい先ごろ映画『湯道』で銭湯を営む一家の長男を演じたばかりの生田斗真が、ここでは停水執行を告げる主人公・岩切を演じる。人間的感情に蓋をして非情な業務を淡々とこなす小役人を演じるにあたり、その美しい容貌は不可欠だった。〈巨大な空洞〉というべき無表情は、端正な顔の造作あってこそ。彼はジャニーズの宝ですね。

その宝が曇りのない活動を続ける環境を守るためにも、事務所はすぐに性加害疑惑の膿を出しきるべし。鑑賞中に何度もそう思ったことを正直に記しておきたい。よりによって児童が性的搾取の危険に晒される場面まで描かれたこの映画、製作者には藤島ジュリー景子社長が名を連ねているのだから！

本コラムで新作映画を激賞するのは、2022年秋に早川千絵監督の長編デビュー作『PLAN75』を取りあげて以来（本書第4章に収録）。市井に融け込む佇まいで「近未来版姥捨山」なる同作に現実味を与えていた磯村勇斗が、『渇水』でも出色の演技。惚れる。『ヤクザと家族 The Family』、『ビリーバーズ』、そして『波紋』。制作サイドが彼に求めるものはきまって「虚構と現実の架け橋」。磯村はそれに今回も見事に応える。日本映画界が彼の争奪戦を止める気配は当分ない。

うれしいことに、原作者の河林満は、複数回候補に挙げられながら芥川賞を逃したこと、没後ずいぶん経ってから作品が映画化されたことのふたつにおいて「第二の佐藤泰志」となった。さらにうれしいことには、今月末、髙橋監督のもうひとつの新作『愛のこむらがえり』が公開される。いま大輪の花咲くときである。

2023年6月2日

いま現実を映し出すには「世代」という名のカメラでは解像度が低すぎる

世代と価値観の話をしよう。今さら聞けない時代のキーワードの話を。

「Z世代（ジェネレーションZ）」という言葉はどれほど浸透しているだろうか。ウィキペディアによれば、アメリカ合衆国において1997年から2012年に生まれた人たちのこと。遡っていくと81～96年生まれの「ミレニアルズ（Y世代）」、65～80年生まれの「X世代」となる。

アルファベットを使った世代分類はXから始まった。「ジェネレーションX」は、日本の出版社マガジンハウスで働いたこともあるカナダの小説家ダグラス・クープランドが91年に出版した同名小説に由来する（ロバート・キャパの50年代のフォトエッセイが初出という説もあり）。Z世代はX世代の子どもたち、というのが大まかなイメージ。物心ついたときには親がスマホを使い、ネットは常時接続が当たり前という世代。いわゆるデジタルネイティブですね。

いまアメリカではX世代が総人口の20%強といわれ、社会の中枢を担う世代として注目されている。対して日本ではZ世代にあたる11歳から25歳は総人口の13%程度。X世代のひとりとしては、いろんな負の遺産を背負わせるのが心苦しい低い数字である。全世界となるとZ世代は約25億人、全人口の3割以上におよぶという。そりゃあK-POPも世界輸出を目指したわけだ（じゃあ日本はなぜ目指さなかったの?）。

焼け跡、団塊、バブル、ゆとり……元号のある国ニッポンでさえ「世代」は細分化され、大きな意味を持つが、アメリカでは世代論がきわめて盛んで弊害も多いようだ。なぜそう言うかといえば、2022年末刊行の社会学的エッセイを読み、世代間論争の不毛さをしみじみ痛感したから。

2021年7月、米国女性シンガーH.E.R.の新曲"Change"の日本語訳をネットで見つけた。すばらしくシャープで読み惚れた。何気なく自分のツイッターで紹介したところ、すぐに訳者からお礼のメッセージがDM（ダイレクトメッセージ）で届いた。何とアメリカで生まれ育ち、現在もアメリカ在住の日系アメリカ人というからぼくは驚いた。それが誰あろう、先に述べたエッセイ『世界と私のA to Z』の著者・竹田ダニエルである。

竹田さんは1997年生まれ。自身をミレニアルとZの中間の「ジレニアル世代」と位置づける（実際にそういう表現があるそう）。本業は理系研究職ながらも、米国カルチャーを主領域とするライター、また音楽エージェントとしても活躍中だ。文芸誌『群像』の連載をまとめた初著書『A to Z』で、竹田さんはZ世代が特別視される理由を「多様な人種と思想と価値観の人が社会に存在するという事実を、インターネットによって幼い頃から実感している世代だから」と断言。Z世代は生年で区切られるものではなく「『価値観』で形成される『選択可能』なもの」と提唱する。

ぼくは同書を幾度となく首肯しながら読んだ。かつて世代論が大きな効力を持ち得たことは認めるが、いま現実を映し出すには「世代」という名のカメラでは解像度が低すぎると感じていたからだ。低スペックのカメラを使い続けるデメリットは、撮るときよりも映し出すときに生じやすい。つまり傍観者から当事者に立場を移したとき、ハレーションが起こる危険性は高まる。世代だけじゃない。性別だって、国籍や出身地だってそうだ。無論そんな属性も人となりを知るきっかけにはなるけれど、それ以上に重要なのは、どういう価値観で生きているかだろう。

著作物だけでなく、個人的なやりとりのなかでも竹田さんは示唆に富んだ日本語表現を与えてくれる。最もつよく記憶に残っているのは「さまざまな属性のマイノリティ」というフレーズ。音楽エージェントとしてどんな人たちに音楽を届けたいかという話題のなかで出てきた。日本にいればマジョリティであるぼくも、アメリカにいけば「アジア系」という括りのいちマイノリティになる。女子校ではマジョリティである女子だって、自衛隊に入ればマイノリティ。そこに悪意が付け入るとき、あってはならない差別や事件が生まれてしまう。マジョリティとマイノリティは、ある瞬間に急反転するラベルのようなもの。そう、世界中の人間は誰ひとり残らず「さまざまな属性のマイノリティ」なのだ。そんな気づきを与えてくれるZ世代アジア系アメリカ人・竹田ダニエルの言葉に耳を傾けたい。

2023年6月9日

ラブトラに、一般社会とりわけパートナー像のあり方の未来図を見る

アマプラで配信が始まった恋愛リアリティショー（恋リア）の新番組『ラブトランジット（ラブトラ）』が、めっぽう面白い。アマプラの恋リアといえば『バチェラー・ジャパン』シリーズ。だが社会的成功を収めた1人の独身男性（バチェラー）をめぐって女性たちが競い合う『バチェラー・ジャパン』や、男女反転版『バチェロレッテ・ジャパン』とは違い、ラブトラに〈特別なひとり〉は存在しない。

番組の概要はこうだ。かつて恋人同士だった5組の男女、計10人が横浜で1ヵ月のホカンス（ホテル＋バカンスの意。ホテルでの共同生活）を過ごす。誰が誰の元恋人かは当事者しか知らな

い。復縁狙いの参加者もいれば、新しい出会いを求めて来た者もいる。さて、1ヵ月でこれまでとこれからの人生の答えは出るのか、どうか。

ラブトラは、映画『パラサイト』でオスカーを制した韓国エンタメ企業CJ ENMが製作して世界中で人気の恋愛リアリティ番組のフォーマットを元に、20代中心の日本オリジナルキャストで製作したもの。MCの大久保佳代子が50代の自分でも存外に楽しめたと語っていたのに、ぼくもつよく同意する。キャストは20代でも、その群像劇は意外なほど大人の嗜好に応えるメロウな味わい。これぞ設定の妙、企画の勝利だろう。随所で流れる女性シンガーソングライターeillの感傷的な歌声に「木曜日のメロウ」がとまらない6月なのである。

ラブトラを語りつくしたい衝動に抗って、その前段を話そう。テレビを通して、芸能人ではなく一般人同士のカップルが成立するさまを視聴者が見守る、そんな恋愛バラエティが人気を博した時代があった。70年代の『パンチ DE デート』、『ラブアタック!』。80〜90年代の『ねるとん紅鯨団』。いずれもキー局ではなく在阪準キー局の番組であることから察し得るように、出演者のギャラを抑えて低予算で製作できるのも作り手側には魅力的だった。90年代後半にはこの分野にフジテレビが『TOKIOのな・り・ゆ・き!!』で本格参戦、その発展形『あいのり』が一世を風靡した。

その種の番組は現在では恋愛リアリティショー、略して〈恋リア〉と呼ばれ、若者のテレビ離れと相俟って主戦場をインターネットに移し、アマプラ、アベマ（ABEMA）、ネトフリが三つ巴の熾烈な争いを展開している。ネット番組の受信機となるスマホはＳＮＳツールでもあるから、番組や出演者への感想や批判の発信も容易。それを受けて番組もＳＮＳも過激化の度合いを増していく。20年にはフジテレビ＋ネトフリ『テラスハウス』の出演者で苛烈な誹謗中傷を浴びた木村花さんが自死に至ったことで、恋リアの製作現場の実態が社会問題化したのは記憶に新しい。

以上、長くなるのを承知で前段を話したのには訳がある。ぼくはラブトラに、一般社会とりわけパートナー像のあり方の未来図を見ているのだ。「元恋人の前で、新しい恋できますか？」と挑発的なコピーがつけられているように、参加者は男女交際経験者が前提であることに注目したい。童貞性と処女性をあらかじめ排除した恋リアとしては、35歳以上の男女が古民家で共同生活を送りながらパートナーを探す、ネトフリ『あいの里』（ＭＣは田村淳とベッキー）も話題だ。

ラブトラで元恋人同士が長所を褒め合うシーンでは、誰もが「じゃあ何で別れた？」と疑問を抱くはず。だが見進めていくと、つながった理由と離れた理由は同じであることに気づく。繊細さに惹かれ、細かすぎて別れた、という矛盾。前に進むつもりでホカンスに来た誰もが、気づけば螺旋《らせん》階段をぐるぐる回っている。昇っているのか降りているのかもわからずに。そこがおそろしく、滑稽で、いとおしい。

自分も新しい恋をしたい。昔の恋人と復縁したい。そんな夢想に浸る視聴者は多いだろう。

だが……なるほどこんな愚かなことをくり返すうちに人生は終わっていくんだな、という諦観にたどり着く視聴者も少なくないと思うのだ。どこか明るい諦観が得られるならば、若者の恋リアを観るのも悪くない。だが、50代以上の元夫婦5組、そんなラブトラもぜひ観てみたい。そしてそのとき、新しい恋の相手が同性でも何ら不思議ではない。

２０２３年6月23日

名プロデューサーにふさわしい最後のサプライズ

日曜日（6月25日）、先ごろ71歳で逝去した佐藤剛《ごう》さんの告別式が営まれた。凄腕の音楽プロデューサーであり、すぐれた作家でもあった。

大腸がんとの闘いは、相互フォローしていたツイッターで知っていた。だがこんなに早い旅立ちになるとは。亡くなった当日に届いた訃報には、葬儀は近親者のみでとあった。だが故人とゆかりの深い田中康夫さんのつよいお声がけに背中を押され、手を合わせに行ったぼくは、出棺のお手伝いまでさせていただいた。大きな波動を感じるひとときだった。これは運命だったといま思う。

剛さん（とこれまで通り呼ばせていただく）の半世紀にわたる音楽人としての足跡は、じつに輝かしいものだ。杜《もり》の都の名門・仙台一高時代に映画や文学や音楽に感電。難関の慶應大学法学部に合格しながらも、心酔する川島雄三監督（『幕末太陽傳』）の影響で明治大学文学部演劇学科に進学、川島が所属した映画研究部に入部する。卒業後は音楽業界誌の営業・編集・執筆を経てシンコーミュージックへ。アーティストのマネージメントやプロデュースに開眼すると、シンコーから甲斐バンドと共に独立。29歳で事務所社長となる。甲斐バンド解散後は、新設した会社ファイブ・ディーでプロデュース活動を本格化。ロックバンドＴＨＥ ＢＯＯＭと邂逅し、フロントマン宮沢和史の稀有な才能を覚醒させたり、小野リサやハナレグミといった音楽的かつ個性的なアーティストを世に送り出す。

ファイブ・ディーでは、音楽よりはむしろ小説家や漫画家のエージェント、あるいは写真家、画家、イラストレーターの発掘やマネージメントをやりたかったという。実際、１９８８年にはマイケル・ジャクソンの自伝『ムーンウォーク』日本語版刊行に関わり、当時面識もなかった作家・田中康夫を邦訳担当に指名した。同書は初版10万部を売り切って増刷も重ねたのだから、剛さんは出版プロデュースの力量も確かだった。

面白いのは、剛さん自身は音楽プロダクション社長として重鎮度を高めていくような人生には、まるで興味がなかったこと。「日本にも〈スタンダード〉の概念を」と提唱し、アルバムやライブの制作にとどまらず、２０１１年には長編ノンフィクション『上を向いて歩こう』を岩波書店から上梓する。デビュー作にして傑作だった。ときに59歳、大型ノンフィクション作家誕生の瞬間である。同年にはシニアプロデューサーを務めた由紀さおりとピンク・マルティーニ（米国のジャズオーケストラ）の合作アルバム『1969』が世界的成功を収め、昭和歌謡リバイバルの仕掛け人ともなった。

由紀さんの『1969』の次作となる2013年のアルバム『スマイル』をプロデュースしたのがぼくである。その流れは翌年の由紀さんの新趣向コンサート開催に至り、ぼくは音楽監督に就任した。彼女のチームが前任者の剛さんへ寄せた大きな信頼を、運良くそこに居合わせたぼくが譲り受けたのは明らかだった。

コンサートの舞台プロデュースを務めたのは歌舞伎役者・市川猿之助。いま手元にある写真には、コンサートの打ち上げでぼくと一緒にワインを楽しむにこやかな彼が写っている。剛さんを収めた棺の重みがまだ両手に残る火曜、おなじ70代の死に関わる容疑で猿之助さんが逮捕されたニュースを知ったぼくの狼狽《ろうばい》を察していただきたい。人生はときに苛烈すぎる。

じつは剛さんとお目にかかったのは数えるほどしかない。でも晩年の彼はぼくの寄稿やラジオをよくチェックしては、まめに温かい言葉をかけてくれた。その言葉たちが今どれだけ自分の励みになっていることか。それをプロデュースと呼ぶことに、ぼくはいささかの躊躇もない。

告別式は偶然にもマイケル・ジャクソンの命日と重なった。剛さん、やっぱり持ってるなあ。その帰り道、以前に剛さんと一度だけNHKラジオで共演したことを思い出した。「上を向いて歩こう」に関する特番だった。

帰宅後、見つけだした同録CDを聴いた。印象深いやりとりもあれば、すっかり忘れていた話もある。温かい気分になった。だが視線がCDケースに記された放送日をとらえた瞬間、ぼくの息は止まった。2013年6月20日。剛さんの命日、そのちょうど10年前ではないか。これもまた何という偶然。名プロデューサーにふさわしい最後のサプライズだった。

2023年6月30日

『ムーラン・ルージュ』は搾取に命がけで抗う者たちの群像劇である

6月24日、帝国劇場で『ムーラン・ルージュ!ザ・ミュージカル』が開幕した。上演は8月末まで続く。つまり帝劇の夏はこれ一色である。

「東宝がガチで社運をかけた」と業界人が口をそろえて言うだけあって、大がかりな舞台装置の美しさにはため息が出る。その豪華さは、主演の井上芳雄が「本当に心配になるくらいお金がかかっている」と吐露しただけでなく、10月に同劇場で『チャーリーとチョコレート工場』の主演を務める堂本光一までもが記者会見で「(『ムーラン・ルージュ』に)予算とられすぎて、こっちの予算は大丈夫ですか?」とボヤいたほど。

物語は1899年のパリが舞台。ボヘミアン、芸術家、貴族が交錯するナイトクラブ「ムーラン・ルージュ(赤い風車)」では、退廃の美にあふれた空間で豪華絢爛なショーが催される。そのスター女優サティーンと、自由な創作の場を求めてパリにやってきた米国人作曲家クリスチャンは、出会ってすぐ恋に落ち、命がけで愛し合う。

この破格の大型ミュージカルは、スピード感に満ちた映像美で知られるバズ・ラーマン監督の2001年の同名ヒット映画に基づく。2018年にボストンで初舞台化され、翌年にはブロードウェイに進出、その後は米国ツアー、ロンドン、メルボルン、ソウルを経て、満を持して日本版上演となった。クリスチャン役が井上と甲斐翔真、サティーンが望海風斗と平原綾香のダブルキャスト。ミュージカルに興味のある方なら、この組み合わせが現在のトップ・オブ・トップスということは容易に理解できるだろう。しかも平原と望海は少女時代に同じバレエ教室に通っていたというから、因縁を感じさせるキャスティングでもある。

音楽面の特長は、ポップスやクラシックの名曲が網羅され、ときには複数の曲がリミックスされて劇中歌として用いられていることだ。この形式はジュークボックス・ミュージカルと呼ばれる。日本版上演にあたっては全曲が書き下ろしの日本語詞で歌われた。エルトン・ジョン「Your Song」を松任谷由実が手がけたほか、普段はポップスやロックの世界に身を置く17名のアーティストや作詞家が、1曲ずつ訳詞を担当したのだから、じつに念が入っている。

物語で大きな役割を果たす稀少なオリジナル曲が「Come What May」。まず主演ふたりが歌い、終盤ではキャスト全員で歌唱する重要曲だ。その日本語詞を書く栄に浴したぼくは、仕上がりと観客の反応を確認するべく、帝劇に足をはこんだ。

まずは6月末の平原綾香×甲斐翔真版。平原さんがボーカリストとして圧倒的力量の主であることはこの国の常識だろう。無論それはミュージカルの舞台に立つうえでも絶対的な強みだが、その日ぼくが心を奪われたのは、ダンスを含む所作のひとつひとつ。エレガンスとリアリティの高次元での両立。野暮を承知で言うならば、けっして歌手の余技ではない。翌日にツイッターで手短に感想をつぶやいたら、それをすぐに平原さんが引用リツイートという想定外の嬉しい出来事もあった。プリンシパルだけでなく、アンサンブルがすばらしかったこともあざやかな印象を残した。

2回目は日曜（7月9日）の望海風斗×井上芳雄版。さすがの貫禄だった。その長いキャリアから〈帝劇の住人〉のイメージもある井上だが、ここでは〈ムーラン・ルージュ初出演に臨む初々しい若者〉を演じきってまったく無理がない。一方の望海は、宝塚の元トップスターという実人生に近い役柄であり、もちろんながら当たり役。彼女のこれからの輝ける演劇人生でも、屈指の代表作となるのではないか。マレーネ・ディートリッヒが降臨したような魅惑的な佇まいは、数日経った今も思いだすだけで陶然としてしまう。

何よりも肝要なのは、これは美しい恋愛ドラマでありながら、劇中の台詞を借りれば「ド派手なプロレタリアショー」に人生をかける俳優や芸術家たちと、ショーに「金を払っている貴族」との階級闘争を描いていること。3時間におよぶ観劇後に残る体感はスイートだけに終わらず、意外なまでにビター。『ムーラン・ルージュ』は搾取に命がけで抗う者たちの群像劇であると痛感した。

16時すぎ、たしかな満足を覚えて帝劇を出た。猛烈に混み合う玄関付近の雑踏から聞こえてくる会話で、奇しくもその日が帝劇と縁の深いジャニー喜多川氏の命日だと知った。

2023年7月14日

時代のうねりに目をつむる。それは戦うべき敵《エネミー》を見過ごすことである

15年間在籍した音楽事務所スマイルカンパニーとのマネージメント契約終了を告知するツイートから3週間近く、「スマイルカンパニー契約解除の全真相」なる扇情的な見出しがつけられた「メロウな木曜日」特別版（本書第1章に収録）から2週間が経った。

そのあいだに、スマイルカンパニーの看板スター山下達郎さんはご自身のラジオ番組でおよそ7分間にわたり所見を述べて話題を集めた。いっぽう、達郎さんとも縁深い音楽界の名家・

服部家の服部吉次さんは、70年前に故ジャニー喜多川氏から受けた性的虐待について、日刊ゲンダイで克明に語った。当時の吉次さんが8歳だったことに加え、ジャニーズ事務所が設立される前の出来事というのも衝撃的だった。

その後、吉次さんはやはり喜多川氏に性的虐待を受けた松崎基泰さん（小学校の同級生、79歳）とふたりで記者会見に応じた。2時間半に及んだ会見の全貌はYouTubeチャンネル「Arc Times」で観ることができるが、会見にテレビ局が1社も参加しなかったという事実は、一連のジャニーズ性加害報道に決定的に欠けているものをあぶり出している。課題は依然として多い。

とはいえ、勇気ある告発者たちのこうしたアクションが、性加害の実態を明らかにする動きを加速させているのも確か。7月24日には国連人権理事会の「ビジネスと人権」作業部会が訪日し、ジャニーズ性加害問題を調査する。松野博一官房長官が記者会見で「（人権理の勧告は）法的拘束力はない」と言うなど、これまでたいして掘り下げる姿勢も見せていなかった国側も、これで大きく動かざるを得ないかもしれない。外圧、この強きもの。

18日、ジャニーズ事務所は公式サイトを更新し、ジャニー喜多川氏の性加害問題に関する調査の現状を報告した。外部専門家による再発防止特別チームからの提言を受けた上で、日程は未定ながら今後の対応について記者会見を行う意向を示した。これが来週に迫った国連人権理事会の訪日に向けたアピールであることは論を俟たないが、気になるのは記者会見に藤島ジュリー景子社長が登場するかどうかである。

かねてより提案してきたが、5月に公開された動画では伝えきれなかった言葉を今あらためて伝えたいと彼女が本気で願うのなら、まずは逃げることなく記者たちのジャーナリスティックな質問に向き合うことが最も効果的ではないか。結局のところ、それが一番早い解決につながるとぼくには思えてならない。ま、他ならぬこの提案が理由で自分はスマイルカンパニーからマネージメントの中途解約を言い渡されたのだが、2ヵ月後の現在もその考えは変わらない。世の声に耳を傾け、反省すべきところを反省する。改めるべきところは改める。そのうえで、老舗として継承してきた芸や楽曲など、残す意義も意味もある文化は胸を張って守っていけばいい。

ところで、ぼくはこれまで新聞や雑誌からの取材依頼はすべてお断りして、ツイッター、「メロウな木曜日」、あるいはレギュラー出演している福岡RKBラジオ『田畑竜介 Grooooow Up』でしか意見表明してこなかった。音楽業界の裏方である自分に大きな報道価値があるとも思えなかったからだが、藤島社長に会見を提案し続けるならば、ぼくもジャーナリストと向き合わねば道理が通らないと感じるようになった。その実践として、7月20日発売の週刊文春で初めて記者の質問に答えている。ぜひお手に取って確かめていただきたい。

声を大にして言っておきたいのは、ぼくと山下達郎さんが音楽という本領を離れて乱闘しているような認識は、どうか改めてほしいということだ。そんな戯画化や矮小化は、達郎さんだって望むところではないはずだ。ふたりともポップミュージックという名峰に挑みつづける登山者であるのは、むかしも今も変わらない。本当の敵はそこにはいないし、きっと人のカタチをしていない。だからこそ、目を見開き、声を上げていくしかないのだ。

最後に拙著『永遠の仮眠』から引用したい。

「時代のうねりに目をつむる。それは戦うべき敵《エネミー》を見過ごすことである。エネミーを見過ごした先には、正体のわからない憎《ヘイト》しみだけが残る」

2023年7月21日

『シモーヌ』には観る者の心を強くする力がある

いくたびか新作映画について語ってきたが、思うところあって紹介するのは日本映画に限ってきた。だが今回はその限定を解除したい。この洋画をひとりでも多くの方にお奨めしたい気持ちに抗えないからだ。昨年フランスで国内映画として年間興行成績トップを記録した『シモーヌ フランスに最も愛された政治家』がそれ。日本では7月28日（金）に東京、名古屋、京阪神で公開され、その後も全国で順次公開が予定されている。

いまの社会の「余計なことつべこべ言わずにエラい人に命じられたことを黙ってやっとけ」という空気に息苦しさを感じるあなた。「男は仕事、女は家庭」という考え方を古くさく感じるあなた。そして、今週末のスケジュールがまだ埋まっていないあなた。断言しよう。観るべし！　あなたが男でも、女でも、それ以外でもだ。

あなたひとりがこの作品を観るだけですぐに社会が変わるという道理はない。だが、あなたは変わる。観る前より心が強くなっている。この社会（世界、と言い換えてもいい）に対して、以前ほどのプレッシャーを感じずにすむようになる。社会が変わるのを待つだけじゃなく、まずは自分が変わろうよ。それだけの力がこの映画にはある。

『シモーヌ』とは、女性として初めて欧州議会議長を務めた、フランスの政治家シモーヌ・ヴェイユ（1927年-2017年）のこと。同名の伝説的哲学者（ただし苗字のスペルは違う）と混同するなかれ。政治家シモーヌは、保健大臣時代の1974年に、カトリックの男性議員が多勢を占めるフランス国会で中絶法を勝ちとったことで知られる。そのとき国会で、レイプによる悲劇、違法中絶の危険性、若いシングルマザーの困窮を訴えた演説（「中絶が悲劇だと確信するには、女性に聞けば十分です」）の再現シーンは、本作の大きな見どころのひとつ。彼女の言葉の力は圧倒的な反対意見を退け、人工妊娠中絶の合法化を実現した。この法律は後年「ヴェイユ法」と呼ばれることになる。

シモーヌはとにかく国民人気が高かった。亡くなる前年の「好きな著名人ランキング」で人気芸能人やアスリートを抑え2位に選ばれ、狭き門で知られる国廟パンテオンに埋葬されたほど。作品パンフレットでフランス在住ジャーナリスト髙崎順子さんのコラムを読んで、人気の主たる理由は中絶法を実現したこと、ホロコースト体験の優れた語り部だったこと、欧州議会議長を務めたことの3つであると知った。ところで、このパンフレットは買いである。とりわけ映画評論家・秦早穂子さん（来週めでたく92歳！）のご寄稿は読んで心がヒリヒリした。いわく「外国映画を見る時、人種問題、宗教問題を抜かして、感情面だけで判断すると見当違いになりがち」と。人間性も詞の世界もろくに知らぬまま洋楽アーティストに耽溺していた若き日の自分に読ませたい！

ホロコーストを生き延びてもなおシモーヌの苦難は続いた。「生存者や目撃者は、沈黙を貫くことを強いられた」という台詞があった。『黙って生きろ』という空気が漂っていた」とも。社会はそんなシビアな要求を誰かの口からではなく「空気」に語らせようとした。でもシモーヌはその空気に抗い続けた。圧倒的な教養と勇気を備えた彼女の口を封じることは誰にもできなかった。黙することのない彼女にフランスの人びとは熱狂した。

これを外国の古い話だと割りきることはできない。それどころか、2023年の日本を生きるわれわれにこそ必要な教訓ではないか。世界の地獄化を止める唯一の方法は、声を上げることなのだ。この春から言いつづけてきたことを、ぼくは何度でも言いたい。勇気をもって声を上げよう、と。たとえあなたは黙って逃げきることができたとしても、「声を上げてもムダ」という諦めを下の世代に残した罪からは逃れられないのだから。

監督は『エディット・ピアフ』のオリヴィエ・ダアン。主役のシモーヌは、10代から30代をレベッカ・マルデールが、40代から70代を生前のシモーヌ本人と深い交流があったエルザ・ジルベルスタインがそれぞれ熱演している。必見の一作。

２０２３年7月28日

わが子とともにマティスの若々しいイメージを体感する

この夏はあるアルバムレコーディングに多くの日数を割いている。家族で過ごす時間はなかなか確保できず、せっかくの夏休みなのに、子どもたちには物足りぬ思いをさせているようだ。久しぶりのオフの先週末、ふと思い立ち、家族を車に乗せて上野へと向かった。ゴールデンウィークから開催中のマティス展が、８月20日に最終日を迎えるのだ。ぼくは10代の頃からマティスが好き。わが子に自分の趣味を押し付ける父親はいつの時代も見苦しいものだけれど、若き日にマティスを体感するのは悪くない経験だよね？　心のなかで何度も自問自答しながら首都高を走った。

モダンアートの黎明期に大きな役割を果たしたアンリ・マティス（１８６９年－１９５４年）は、20世紀を代表するフランスの巨匠であり、フォーヴィスム（野獣派）のリーダー。今回は東京都美術館が「大回顧展」と言いきるだけあって、パリのポンピドゥー・センターから１５

0点が集まった。絵画だけではなく、彫刻、版画、切り紙絵まで網羅したこともファンを狂喜させている。

美術の鑑賞は、年齢を重ねるごとに、人間観察と乖離しがたいものになる。55歳のぼくが、作者の制作時の年齢を確認せずに作品と対峙することはまずない。だからこそ、作品とまっすぐに向き合える若いころの美術鑑賞は貴重なんじゃないか。マティスが好んで描いた窓や金魚を凝視するわが子たちは、モチーフの意味にまでは考えがおよんでいないはずだ。放心したように、色、造形、線をただ見つめている。その一途さに、彼らに残された人生の長さを思った。

例えばピカソとは違って、マティスの初期作品に大器の片鱗を見出すのは困難だ。ゆっくり覚醒し、30代以降に爆発する人生。そのかわり、成功と名声を得てリゾート地ニースに移り住んだ50代以降も勢いは止まらず、70代では切り紙絵という手法で新たな表現の地平を開拓した。色ムラのない切り紙絵は、さしずめデジタルアートの先駆けか。とくに人気作品「イカロス」を含むシリーズ『ジャズ』は決定的にモダンでポップ。晩年に若々しい傑作をものにしたアーティストは、没後も半永久的にフレッシュなイメージを維持できるという好例である。

すべて観終えて、館内のショップで「イカロス」の手頃な価格のポスターを買い求めた。隣で息子が「こんなのボクだって作れるよ」と生意気な口をきく。だが今日ばかりは叱る気にもならない。なぜか、それでよしという気がした。

翌日、かかりつけの歯科に行った。待合室で、あざやかな色合いの抽象画に目が行く。これまでじっくりと観たことはなかったかもしれないが、いいものだな。やがて自分の名前が呼ばれ、診療用のチェアに座ったぼくは、目の前の壁を二度見した。なんと、シャープに額装された「イカロス」のポスターが飾ってあるではないか。院長、マティス展行きました？「ええ」ぼくより少し歳上の院長は、真っ白な歯を見せて笑った。

自分も昨日行って、同じポスターを買ったことを告げた。息子が生意気な口をきいたことも。院長は笑顔のまま事も無げに言った。「ボクだって作れる、でしょ？」。え、わかります？「ほんとうに息子さんに作らせたらいかがですか。きっとすばらしい絵になります。額装して玄関にでも飾ってください」。たしかに魅力的な提案ではある。だが首を縦に振るのは躊躇《ためら》われた。それはさすがに親バカだろう。息子の作という付加価値が発効するのは親限定。たとえ額装したところで来客の目に適うものにはならない、そう答えた。意外にも院長は譲らない。

「いや絶対にイケますって」

そこまで言う根拠は何だ。「松尾さん、待合室の絵は見ました？」。もちろん。あんな立派なアートなら、わが家の玄関でも客間でも飾れるが。「あれ、うちの父が描いたんです」。なんと。院長の父親が画家だったとは。「とんでもない。ただの趣味です」。それにしては玄人はだしだが。「いえいえ、帰りによく観てください、ひどいもんです。でも父はあの絵を飾るよう、わたしに位置まで指定したんですよ。連絡もなくやって来て、ちゃんと飾っているか確認するんです。何度も何度も」

いい話だと思った。それも息子への愛と呼ぶのではないか。「いやあ、父はたんに自分勝手なんですよ」。だから院長は気が抜けず、ずっと飾っていると。「ええ。もう亡くなって数年経ちますが」

いい絵だから額装するのではない。額装してはじまる家族の物語があるのだと知った。

2023年8月4日

『妖怪の孫』試写会で並んで座った3人の1968年生まれ

以前取りあげた『妖怪の孫』。邦画としては画期的な現役首相（＝菅義偉前首相）の動向を追うドキュメンタリー『パンケーキを毒見する』の内山雄人監督の後継作として、公開前から話題になっていたこの作品は、安倍晋三元首相の闇を探ったもの。小規模の公開をリレーよろしく全国的に継続して、7月頭には観客動員数が5万人を超えた。この種の映画としては相当なヒットと呼べるが、地上波TVのディレクターという出自をもつ内山監督は、ツイッターでヒットへの感謝を表しつつ「1億2千万人に対して、たった5万人だとも思います　果たして私達はどこまで伝えられたのか」と冷静さを失わない。

5万人のなかに1968年生まれはどれくらい含まれるだろう。2月に渋谷で催された完成披露試写会に出席したぼくの左隣には、作品にも登場するジャーナリストの鈴木エイトさん、右隣にはラッパーのKダブシャインさんが座った。そう、3人とも1968年生まれ。ぼく同様、Kダブさんは音楽を生業にして長いが、じつはエイトさんも20代半ばまではプロデビューを目指すパンクバンドのボーカルだったという。当時のステージネームは「セブン」で、そこからひとつ歩を進めたものが現在のペンネームという挿話がぼくは好き。

出版、放送、ネットと軽やかにメディアを越境し、独自のスタンスで宗教と政治の関係を追及する鈴木エイト。ヒップホップシーンの黎明期から活躍するキングギドラのメンバーとして、また長い滞米経験を持つ親トランプ派論客としても無二の存在感を放つKダブシャイン。ふたりが最近相次いで新書を出版した。重なり合う部分がまるでなさそうな2冊だが、読み比べると驚くほど通底するものがあることに気づく。両書ともに自叙伝の類ではないのに、それぞれ著者の実人生があぶり出される印象を与えるのだ。

まずエイトさんの『「山上徹也」とは何者だったのか』(講談社+α新書)。タイトルが示す通り、2022年7月に起きた元首相銃撃暗殺事件の被告についての著書である。2023年3月に出版された五野井郁夫と池田香代子の共著『山上徹也と日本の「失われた30年」』をはじめ、山上被告と彼が生きてきた時代を論じる書籍はすでにかなり出ている。後発の本書が異彩を放つのは、何といっても著者が、事件が起きる9日前に山上被告がツイッターで直接アプローチを試みた相手だったという衝撃的な事実に拠る。

もちろん当時の山上被告は無名の存在。ましてや匿名アカウント。毎日届く多数のダイレクトメッセージのなかに埋没したとしても、誰も著者を責めることはできない。だが事件後に進めた取材の過程で、被告の弁護士から「徹也さんがエイトさんへ事件前にメッセージを送ったけど……」と聞いた著者は狼狽するのだ。なんと、そんなことが。自分は事件を止められたのではないか。そこから始まる懊悩。著者の筆致は十分に抑制を効かせつつも、それでも松本清張作品ばりの緊張感に満ちている。この顚末は実際に本書を読んで確かめていただきたい。多くのひとたちが鈴木エイトの動きと言葉から目が離せない大きな理由は、この〈当事者感〉なのだと思い当たるはずだ。

対してKダブさんの新刊は『Kダブシャインの学問のすゝめ』（星海社新書）。ここでも凄まじい説得力の最大の担保になっているのは〈当事者感〉なのだった。「もうすでに長い間、日本社会の力が昔に比べ弱くなっているのではないか」と感じてきた著者は、歌詞でも一貫して教育の大切さを訴えてきたラッパーである。本書はＯＥＣＤ（経済協力開発機構）による高校生の学習到達度調査の結果をふまえて、日本人の読解力、つまり言葉の理解力の低下について語るところから始まる。先駆者が皆無だった時代から、言葉を使いこなすことでラッパーとして生計を立ててきた著者。「民主主義は『多数決』と言われるが、決してそれだけではない」など、箴言集としても機能する本だ。

今年まだ一冊の単著も出していないぼくにとって、これ以上ない刺激をもたらす2冊である。

２０２３年8月11日

「私がどんな服を着たとしても、セクハラと性的暴行は正当化できない」――ＤＪ ＳＯＤＡの発言の重要さ

月曜（8月14日）の午前中のことだ。韓国の人気ＤＪでインフルエンサーとしても活躍中のＤＪ ＳＯＤＡさんが、自身のＳＮＳに生々しい写真を添えて、英語・韓国語・日本語でショッキングな報告をした。前日、大阪府泉南市のセンナンロングパークで開催された音楽フェス「MUSIC CIRCUS'23」で、複数の観客から胸を触られたというのだ。

「あまりにも大きな衝撃を受けて未だに怖くて手が震えています…その時、とても驚いて怖かったですが、一方で私を見て泣いて喜んでくれて好きと伝えてくれる素敵なファンの方々もいて、一旦最後までやりきろうと最大限平気なふりを頑張りました。今はホテルに戻ってきましたが、未だにとても怖《ママ》です」「ＤＪをしてから10年立《ママ》ちますが公演中にこんなことをされたことは人生で初めてです。こんなことをされたことにとても戸惑って信じられないし、もう舞台

の下や前の方に行ってファンの皆さんに近寄りがたい」

その後も投稿は続いた。なかでも重要な問題提起となったのは次のくだりだろう。

「私がどんな服を着い《ママ》たとしても、私に対してのセクハラと性的暴行は正当化できない。私はいつかこの言葉を言いたかったです。当然のことだが、これを言うまで大きな勇気を出さなければならなかった」「私は人々に私に触ってほしいから露出した服を着るのではない。私は服を選ぶ時、自己満足で着たい服を着ているし、どの服を着れば自分が綺麗に見えるかをよく知っているし、その服を着る事で自分の自信になる」「だからみんな服装に干渉する人たちの顔色を伺《ママ》わず、着たい服を思う存分着ながら生きよう!!」

発言の背景には、最初の投稿後、ＳＯＤＡさんの擁護と加害者への非難の声があっという間に拡散した一方で、彼女の露出度が高い衣装や、観客との距離の近さにも責任の一端があるのではと攻撃的な指摘も挙がったことがあると見られる。

問題提起に迅速な対応をみせたのは国連広報センターだった。当日午後5時台のうちに、2022年夏に国連本部で開催されたアート展『あなたは何を着ていたか？』の紹介動画を公式Xに投稿、「性的暴力のサバイバーが襲われた時、何を着ていたかは関係ありません」という端的なメッセージを添えた。これは最も説得力に満ちたＳＯＤＡさん擁護論のひとつだろう。

官公庁の動きはどうだったか。内閣府が運営する性暴力の悩み相談窓口「Curetime」は、翌15日朝8時に「あなたも『2人目の加害者』になっていませんか」と題した3コマ漫画を公式Xに投稿した。オフショルダーの服を着て泣き腫らした目の若い女性と母親の会話はこうだ。母「お帰りなさい　あら、どうしたの　何かあったの?」娘「う、ううお母さん　歩いてたら知らない人に　抱きつかれて、こ、怖かった」母「もう!　そんな格好で出歩くから!」。この漫画と、添えられたメッセージ「悪いのは性暴力の加害者なのに、その加害の理由がまるで、自分にあるように言われてしまった……。あなたは何も悪くありません」が、SODAさんを攻撃する人びとへの諫言《かんげん》の意味も含んでいるのはまず間違いない。

過激なデザインの水着姿で出演する動画も多いSODAさんは、ファンの官能を刺激する可能性を重々承知のはず。ただそれはあくまでエンターテインメントというお約束の中での話。劣情を催したからといって胸に触れるなんてどうかしている。彼女本人の責任もゼロじゃないという考え方もどうかしている。もひとつ言うと、この一件を嫌韓の具に使う輩もまったくどうかしてるよ。

だが、救いもある。フェスの主催会社 TryHard Japan が、15日10時には早くも「このような行為は性暴力、性犯罪であり、断じて許すわけにはいきません」という声明を発表したのだ。声明では、SODAさんへの最大限のサポートを約束し、犯人の特定、損害賠償請求や刑事告訴などの法的措置を取ることを予告。しかも「様々な角度から犯行現場をとらえた映像がありますので、早期に特定することが可能」とし、「犯罪行為に及んだ方は、すみやかに警察署に出頭し、また当社にご連絡ください」とまで詰めたうえで「再発防止を徹底してまいります」と締めた。性加害の現場を生み出してしまったことへの悔恨、怒り、そして誠意を感じさせる言葉の力と対応の早さだった。

２０２３年8月18日

三浦英之『太陽の子』は、〈叫び声の小さい人々〉の声を拾い集める誠実な作品だ

明日（8月25日）の午後、第22回新潮ドキュメント賞が発表される。候補5作品のなかでも三浦英之著『太陽の子』（集英社）に注目したい。じつは２０２２年10月の出版と同時に買ってすぐに読了、つよい衝撃と浅からぬ感銘を受けながらも、今までご紹介するタイミングを逸していたのである。同賞選考委員は 池上彰、梯久美子、櫻井よしこ、藤原正彦、保阪正康の五氏。このセンセイはあんな思想だから外すかもしれないけど、このひとなら推してくれそう、なんてミーハー気分で賞の行方を見守っている。ぼくなりに『太陽の子』の受賞を祈りつつ、遅ればせながら取りあげる次第。

著者は１９７４年生まれの朝日新聞記者。２０１１年3月11日の東日本大震災発生翌日に被災地入りし、宮城県南三陸町で続けた取材の成果となる『南三陸日記』でよく知られる。受賞経験も豊かな現役ジャーナリストのスター的存在である。ぼくは著書をすべて読んでいるわけ

ではないが、満州建国大学の興亡を描いた力作『五色の虹』を、同大OBを父親にもつ知人から教えられて、三浦さんの書き手としての並外れた力量を知った。同時にこの書き手が誠実に、ときに愚直なまでに「ペンは剣よりも強し」を信じていることも。

『太陽の子』でも書き巧者ぶりは遺憾なく発揮されている。アクロバティックな印象さえ与える筆致はときにミステリー小説を思わせ、評価の分かれるところかもしれないが、高いリーダビリティの理由でもあるだろう。著者の立つ場所においては、ノンフィクションとフィクションは「まぜるな危険」の関係。フィクションは徹底的に排除される。あくまで取材に基づくファクトから高純度のドラマティックな要素を抽出し、丹念に調合していく細やかさが求められる。三浦さんはその手際がもう超絶技巧レベルなのだ。

本書は、戦後日本が経済成長のもとに隠し続けてきた秘密のひとつを現代に広く認知させるのみならず、それに翻弄された人びとの救済まで試みるルポルタージュだ。1964年東京五輪、翌年の証券不況を経ての「いざなぎ景気」。その時代、アフリカ中部の一大資源国コンゴ民主共和国（旧ザイール）に、日本を代表する鉱物資産企業「日本鉱業」（日立製作所や日産自動車を生みだした父祖企業、現JX金属）が巨大な銅鉱山開設プロジェクトを展開していた。そこでは現地女性と日本人男性とのあいだに多くの子どもたちが生まれた……。

ともすれば日本人読者が罪悪感を抱きかねない、重苦しいテーマを語りはじめるにあたって、著者がまず引用するファクトはツイッター。現代を象徴するツールを早々に登場させることで、このテーマがカビ臭いものではなく今なお続く問題であることを端的に示す。2016年、特派員として南アフリカのヨハネスブルクに駐在していた三浦さんのツイッターに、不可解なメッセージが投稿されたのだ。

〈朝日新聞では、一九七〇年代コンゴでの日本企業の鉱山開発に伴い一〇〇〇人以上の日本人男性が現地に赴任し、そこで生まれた日本人の子どもを、日本人医師と看護師が毒殺したことを報道したことはありますか〉

話はそこから、フランスの国際ニュースチャンネル「フランス24」で2010年に実際に配信された映像へと展開する。この本はいわゆる「嬰児殺し」という犯罪についての読みものなのか。ここでそう思い至った読者は、ページをめくる手をいったん止めて表紙に戻り、母親らしき女性に背負われてこちらを不安げに見る幼児を凝視することになるだろう。

中盤を過ぎたあたりで著者は、日本人特派員で最も影響を受けた人物が1970年代の朝日新聞アフリカ特派員だった伊藤正孝であることを明かし、彼が遺した言葉をくり返し引用する。それを読むにおよび、ぼくは自分が三浦さんの書くものに共感を覚える理由がわかった気がした。

じつは1983年、高校1年生のぼくは、その学校の卒業生である伊藤の母校講演を聴いている。テーマは「アフリカから見た日本」。たかだか500年の繁栄を誇っているに過ぎぬ欧米にわれわれは目を奪われすぎではないか、価値観を再編しようじゃないかという呼びかけに、つよく心を揺さぶられ、はげしく感化されたのだった。その後伊藤は筑紫哲也の後を継ぎ朝日ジャーナル編集長に就くなどしたが、1995年、58歳の若さで死去した。

著者は自分が職業記者として、そしてひとりの日本人として大切にしているのは、伊藤言うところの〈叫び声の小さい人々〉の声を拾い集めることだと明言する。がしかし。コンゴの日本人残留児の問題は「かつて日本の外務省や大使館がそう判断したように」「新聞ではいささか取り上げにくいテーマ」とされ、原稿は編集会議を通らずに掲載が見送られる。著者は悩んだ末に「個人の領域で可視化するしかない」と判断、一連の取材内容を36回に分けてツイートしたのだった。

2023年8月24日

ジュリー社長以下、主要役員は記者会見に総登場して謝罪したらどうか

8月29日、故ジャニー喜多川氏による性加害問題を受けてジャニーズ事務所が設置した「外部専門家による再発防止特別チーム」が記者会見を開き、同日発表した調査報告書（全67ページ！　事務所ホームページで閲覧可）について説明を行った。

チームは「ジャニー氏は、古くは1950年代に性加害を行って以降、ジャニーズ事務所に

おいては1970年代前半から2010年代半ばまでの間、多数のジャニーズJr.に対し、上記のような性加害を長期間にわたり繰り返していたことが認められる」と発表。さらに「ジャニー氏の性加害について（中略）事実関係を調査して適切な対応を行うことはなかった」と事務所やトップの責任にも触れた。そのうえで、この問題が長年続いた原因として「ジャニー氏の性嗜好異常」「メリー氏による放置と隠蔽」「ジャニーズ事務所の不作為」「被害の潜在化を招いた関係性における権力構造」の4点を挙げた。同族経営の弊害もストレートに指摘、藤島ジュリー景子社長に辞任を求めるなどの提言をした。

1時間半を超える会見はYouTubeで全編観ることができる。記者からの質問でベストだったのは、現在ジャニーズ事務所の株はジュリー社長が100％所有という報告書の記載に関連して問うた、オンラインメディアArc Timesの尾形聡彦編集長によるものか。現在の所有率のままだと、社長辞任後も大株主としてジュリー氏が絶大な影響力を維持するのは明らかではないかと。それに対する林眞琴座長（前検事総長）の回答は「そのときに事務所において考えていくべきこと」。歯切れの悪い曖昧な答えぶりが、この本質的な質問のリアルさをかえって際立たせ、ぼくはざわざわとした印象を抱いた。会見終盤の一撃だった。

先日、あるメディア役員と会食中のこと。人格者として知られる彼は、柔和な微笑を湛えながらこう言った。「しかし松尾さんもよく言いましたよね。いや、言いますよね、か。自分の業界で大なり小なりの悪事が目に入っても、まあ大抵の人は黙って見過ごすわけじゃないですか。自分にまで被害が及ばなければ。あなたほど実績がある人なら、このまま黙って過ごしてりゃ安泰な音楽人生だったわけでしょう?」。イヤだなあ、〈安泰だった〉なんて過去形は勘弁してくださいよ! とその場では頓狂な声を上げて笑い話で済ませたが、店を出てからは役員の言葉をずっと反芻していた。

ぼくがジャニーズ性加害問題とその周辺について発言するたび、苛烈な文句がネットを通して投げつけられる。十中八九は匿名で。もう慣れっこだ。興味深いのは、つねに一定の割合を占めるのが「黙れ」「消えろ」「何様だ」「それ以上言うな」といった沈黙を強いるワードであること。さらにそれらに一定の割合で付随するのが、「しつこくて男らしくない」「ねちねちと女々しいですよ」といった、古くさく偏ったジェンダー観を隠そうともしない表現。目にするごとに、被害者たちが長年声を上げることができなかった要因のひとつは、人権意識が乏しい時代(今もか)に蔓延していた同性愛軽視(あるいは蔑視)だと思い当たる。性被害を告白しないことで、自らの身を悪質な二次被害から守ってきた少年たち。その心中を思うと胸が痛む。一次加害と二次加害の大きな違いのひとつは、後者には自覚を伴わぬ場合が多いこと。心に刻んでいつも意識的でいたい。

ところで、特別チームに続き、ジャニーズ事務所本体による会見もいよいよ近日中に行われる。文春の報道によれば、退任予定のジュリー社長は出席しないとか。これが本当なら、会見に出たくないから社長を辞めるとも解釈できるのだが。100%株主として会社を実質的に支配しつづけながら、経営者ではないから表には出ないというのなら、彼女にとってむしろ好ましい立ち位置に近づくのでは。謝罪動画が公開された5月から当コラムで述べてきたように、やはり記者たちの前で説明なり謝罪なりする必要があるとぼくは考える。

ジュリー社長以下、主要役員は記者会見に総登場して謝罪したらどうか。思い出してほしい、ジャニーズ事務所は自社管理楽曲をくり返し若手タレントにカバーさせることが得意な、アーカイブ商法のプロフェッショナルなのだ。今回も自社内に恰好の見本が存在する。もうみなさんもおわかりだろう。２０１６年１月、「ＳＭＡＰ×ＳＭＡＰ」（フジテレビ系）で、元ＳＭＡＰメンバー全員が黒スーツを着用して頭を下げた、あの衝撃的な生放送である。

２０２３年９月１日

佐野元春は、言葉と音楽の理想的な関係を探求する

昨年、初めて国産車を買った。初めての新車でもある。五木寛之さんの影響で大学時代に中古のスウェーデン車サーブを格安で買って以来、もっぱら欧州の中古車ばかり乗り継いできた。車にとくべつ詳しいわけではない。見てくれ最優先を貫いた結果に過ぎない。スピードへ

の執着心は希薄だし、長距離運転が必須の仕事でもないから、燃費もさほど気にすることがなかった。修理日数や費用がシャレにならぬ事態なら何度か経験しているが、それでも手元に戻ってきてお気に入りのフォルムを見るたびに、これでいいのだと愛着は増した。外見至上主義と訳されるルッキズムは最も忌むべき思想のひとつだが、対象がクルマなら誰に迷惑や不快感を与えるものでもなかろう。一度も就職したことのない、成り行きまかせのぼくの人生。それを最も象徴するのが車選びだった。

国産車に乗ることのメリットを重々承知のうえで、それでも遠ざけてきた理由ははっきりしている。新モデルが出て「カッコいいじゃないか」と思っても、事情通による「それ、〇〇（欧州車メーカー）のマネだから」という指摘がすぐに出てくる。必ず出てくる。それを聞いた途端に気持ちは萎えてしまうのだった。「和製〇〇」に価値を見出して有り難がる視点を、ぼくはずっと持ち合わせていなかった。そんなときの「和製」は「模造」に、もっと言うなら「劣化版」にさえ感じられた。

もっとも、ぼくの「和製ぎらい」は車を買うようになるずっと前から。それはまず音楽、服、そして小説や映画にも向けられた。なかでも顕著だったのは音楽。大瀧詠一、山下達郎、鈴木雅之、そして佐野元春。10代で出会ったこの4人のロックスターがぼくの蒙を啓き、「洋楽的妙味」を教えてくれたことは疑いようもない。だがいったん洋楽に目覚めてしまえば、それを教えてくれた彼らとはあっという間に距離ができてしまった。「和製」より「元ネタ」を聴くほうが楽しいという、単純かつ残酷な理由で。つまり彼らに惹かれたのと同じ理由で、ぼくの心は離れていったのである。

自分の興味がブラックミュージックに集中していくにつれて、その傾向がつよい山下と鈴木をまたよく聴くようになり、のちに仕事を重ねるまでになった。大瀧とは20年ほど前にぼくがプロデュースするCHEMISTRYが「恋するカレン」をカバーしたのがきっかけで対談し、人間的興味が湧いて熱心なファンに戻った。

じつは先の4人の中で、ぼくの文学的興味や社会的関心に最もストレートな影響を与えたのは佐野元春だった。例えばいまジャック・ケルアックを好み、サンフランシスコのシティライツ書店を訪ねたり、それが縁で松浦弥太郎さんと交流を深めるようになったりしたのも、元はといえば佐野がラジオで語るビート・ジェネレーション論を聴いたのがはじまり。作品が出るたびに耳を通してきたし、自分が音楽プロデュースを始め、とくに詞を作るようになってからは、彼の才能の凄まじさを幾度も痛感してきた。だが音楽性の違いゆえに、生身の佐野元春は遠いままだった。

そんなぼくが、火曜（9月5日）、横浜で初めて佐野のライブを観た。2023年3月、福岡RKBラジオ『田畑竜介 Grooooow Up』で、偶然にも放送日と重なった佐野の67歳の誕生日を祝い、その功績を紐解いたのだが、その内容をファンが本人に伝えたらしい。番組で語った佐野の功績は以下の3つ。「いろんな人に影響を与えながらも、いろんな人と違う」「ロックをタイムレスでエイジレスな表現に拡大した」「言葉と音楽の理想的な関係を探求する先頭に立ち続けている」。ロックに精通していない自分は、言葉足らずであることも自覚しながら語ったのだが、そこに理を見出したという佐野さんご本人から、ライブのお招きを受けたのだった。

最新アルバム『今、何処』の収録楽曲をメインに据えたライブは、夢のような時空間だった。40年前に自分が放り投げた問いを答えあわせしている錯覚に、ぼくは何度も襲われた。終演後に会った佐野さんは「歌は言葉とメロディが剝がれがたく一体化したもの」という持論を、手短に、でも誤解の余地なく言いきった。清々しいほどに。

ところで、ぼくの車は購入して1年半が経った。不具合と呼べるものはただの一つも出ていない。米国車のフォルムをパクるどころか、それをインスピレーションとしていることを誇らしげに謳うルックスはぼくの好みだし、乗り心地だって申し分ない。そして、そんな「不満のなさ」すら不満の種にしていた、あのころのぼくはもういない。

2023年9月8日

『国葬の日』はこの国の「ムード」を冷静に描き出す

国葬から1年が経つ。

当時「国葬なんて反対」と言うと「これは『国葬儀』であって『国葬』ではない」と糾弾する人が絶えなかった。何度か執拗に絡まれたのに懲《こ》りて、あるときからMy統一表記を「国葬のようなもの」と定めたのだが、それはそれで一部の御仁たちからたいへん手厳しいご批判を賜ることになった。「なぜ『国葬』と認めようとしないのか」と。

調べてみると両者は確かに違うのだった。国葬の根拠法は皇室典範であり、国葬儀のそれは内閣府設置法。だから天皇や上皇の崩御時の「大喪（タイモ、にあらず。このネタも物凄い勢いで消費されましたね）の礼」は前者にあたり、吉田茂元首相の逝去時に執り行ったものは後者だったということ。誤解を恐れずにいえば、「国葬儀」のほうこそいわゆる国葬イメージがつよい気がするなあ。

でも1年経ったいま、そのポイントに固執する人はほとんどいないのではなかろうか。「もう『ツイッター』じゃないよ、『X』になったんだから」の指摘が「旧ツイッター」なる過渡期感丸出しのビミョーな日本語を生み、やがて「もう面倒くさいから普段使いは『ツイッター』のままでよくない？」なムードになっているように。

そう、この国の大切なことはムードで決まっていく。だから政治家も官僚もメディアも財界も、はっきりとしたフォルムのメッセージを打ち出すことには慎重で、ムードに訴えることに余念がない。国民性を変えるよりも、それを逆撫でしない歩の進め方の探求を優先する道理だ。

全国的にはほとんど無名だった政治家・小川淳也を一躍有名にした2本のドキュメンタリー作品『なぜ君は総理大臣になれないのか』『香川1区』。両作品をヒットさせた大島新監督。彼がプロデューサー・前田亜紀、編集・宮島亜紀とみたび組んで送りだす新作『国葬の日』は、葬儀当日2022年9月27日の国内10都市の様子を淡々と追っていく。首都・東京、故人の地元・下関、古都・京都、被災地・福島、基地の街・沖縄、北の都・札幌、銃撃の地・奈良、被爆地・広島と長崎、そして葬儀直前に大規模な洪水被害が発生した静岡。いろんな街がある。いろんな人がいる。日本はひとつであり、ひとつではないことがよくわかる。

大島監督は自身の意見やスタンスを表明することに躊躇はない。だがそれを明示しながらも、説明や誘導に終始するような愚を避ける。『なぜ君』『香川1区』にもみられたことだが、作品自体がニュートラルな問いかけとして機能するだけの余地を残すことに意識的であり、とりわけ今回はその「余地」の面積が大きい。いや、余地こそが『国葬の日』の本質とさえ言えるのではないか。そこにぼくはつよく共感した。余地を残す。政治や社会についての意見交換は、本来そうあるべきではないか。いつだってムードは理ではなく情、つまり熱で左右されるものだけれど、だからこそアジテーションと距離を置く政治ドキュメンタリーがあってもいい。

一見してそれとわかるような〈右〉または〈左〉を求めてこの映画を観ると、おそらく肩透かしを食うことになる。なぜなら大島監督は冷静さを失わないから。冷静は、はかなく、わかりにくいものだ。それと似たわかりやすいものを冷徹と呼ぶが、冷徹は情熱の亜種であり、冷静はむしろもっと遠くにある。有島武郎言うところの「愛の反対は憎しみではない。愛の反対は愛しないことだ」の理屈に近い。著しく高い不感熱性を備えた大島新の作品は、ゆえに自ら熱を放つ。そういえば、彼が興した映像制作会社の名前はネツゲンというのだった。

試写で観て湧いてきた名前のつかない感情。その正体を確かめたくて、日曜（9月17日）、ポレポレ東中野の正午の回上映後に、監督と公開トークを行うことになった。ご興味あればぜひご来場ください。一緒に考えましょう。

2023年9月15日

「オレ、正義感が強いんだよ。意外とね」と近田春夫ははにかんだ

前回の予告通り、日曜日（9月17日）、大島新監督の新作『国葬の日』上映トークイベントをポレポレ東中野で行った。そのまなざしにつよい共感を抱いてきた同世代の大島監督だが、公開の場で対談するのは初めてのこと。だが前売りでチケット完売というありがたい状況にも背中を押され、ずいぶんリラックスして話すことができた。

壇上のふたりへの時差のない反応から、皮肉や洒落を解する観客に恵まれた幸運が露わになったころ、監督がぼくに質問した。「松尾さんはとてもメジャーな場所で仕事をしていますが、こういう（政治ドキュメンタリー）映画をこまめに観ていますよね。どうしてですか」

エンターテインメントは、どこまでいっても〈ひとときの憩い〉でしかない。だからこそかけがえのない価値があるし、そこにぼくも尊さや誇りを見出している。でも〈憩い〉がたとえどんなにメジャーでダイナミックなものになったところで、世の中を変えられるかというと、たとえば戦争を止めたりする力までは、残念ながら、ない。せいぜい日常の憂さを晴らしてくれたり、「戦争なんかより、ほかにもっと楽しいことあるよな」と思わせてくれる程度だろう。逆に「戦争って楽しそう」とそそのかすことは得意そうで怖いのだが。ただはっきりと言えるのは、「世の中がどうであれ、自分はエンタメに専念してますから」と語るような大人は、ほんとカッコ悪いってこと。エンタメ従事者こそ天下泰平の実現と維持をつねに意識するべきだし、その〈考えるヒント〉として政治ドキュメンタリーはまことに役に立つ。

さて、イベントを終えてぼくが向かったのは、作家・田中康夫さん、音楽家・近田春夫さんとのサンデー毎日鼎談（本書第5章に収録）だった。これは一連のジャニーズ性加害問題報道に疑問と不満を抱く田中さんの企画。いっぽうの近田さんは、ぼく同様、この問題に早い時期から声を上げてきた数少ない音楽人である。田中さんが鼎談の場に毎日新聞系の媒体を選んだのは、然るべき理由がある。再犯防止特別チームの調査報告書にも明記されたように、性加害常態化の背景に〈マスメディアの沈黙〉があるのは明白だからだ。週刊朝日なきいま、大手新聞系列の雑誌だとサン毎一択となるのは当然。ＡＥＲＡや週刊ＳＰＡ！だといかにも収まりが悪そうだし。だが最末期の週朝ほどではないにせよ、サン毎も近年は表紙モデルにジャニーズ所属タレントの起用が多い。いくら田中ヤッシーの提案とはいえ、自己批判となるこの企画をサン毎もよく引き受けたものだと妙に感心しつつ、鼎談に臨んだ。

饒舌トリオが語り合った内容の詳細については第5章に譲るとして、ここでは十数年ぶりに会った近田さんに触れたい。初めてお目にかかったのは30年前、ぼくが音楽コラムを連載していた雑誌『ＰＯＰＥＹＥ』のインタビュー。取材の時間は知的興奮に満ちていて、あっという間に過ぎた。だが取材をまとめた原稿にはいくぶんトリッキーなアプローチが含まれており、近田さんはそれをピシャリと指摘した。まだ大学に籍を置いていた20代半ばのぼくは、好奇心なら人一倍、野心も人並み、でもスキルが絶対的に欠けていたことは否めない。キャパオーバーな仕事を小手先で何とかやり過ごそうとする狡猾さを、近田さんは見逃さなかったのだ。当時の彼よりひと回りも年上になったいま、若い時分にそんな大人とめぐり逢えたことの僥倖をぼくはじっくりと嚙みしめている。2年前に出版された語り下ろし本『調子悪くてあたりまえ近田春夫自伝』（リトルモア　構成・下井草秀）を読めば、彼の人格がどうやって形成されたのか知ることができるはずだ。

〈歌謡界の小林秀雄〉と称され、名著『考えるヒント』に想を得た「考えるヒット」を24年の長きにわたって週刊文春で連載してきた近田春夫は、がしかし、韜晦の人でもある。「小林秀雄なんて一冊も読んだことないのにさ」と恍《とぼ》ける。同世代の音楽人たちがほぼ沈黙を守る性加害問題に声を上げる理由を問うと、「いくらなんでも、というのはあるよね」と答える近田さん。「オレ、正義感が強いんだよ。意外とね」とはにかむ。この国の音楽業界には、こんなにカッコいい72歳がいる。

2023年9月22日

和田静香の作品群は時代のスケッチとして長く読み継がれていくだろう

コロナ禍の2021年、日本の政治について綴られた2冊の長いタイトルの本が出版されて話題を集めた。『時給はいつも最低賃金、これって私のせいですか？　国会議員に聞いてみた。』と『選挙活動、ビラ配りからやってみた。「香川1区」密着日記』。地べたの視点から読みやすい文体で書かれたこの2冊は、いずれも1965年生まれのライター和田静香さんによるもの。大島新監督の『なぜ君は総理大臣になれないのか』で全国区の知名度を得た国会議員・小川淳也との問答集という性格を備えた『時給はいつも〜』、その小川さんの選挙戦に密着取材した『選挙活動』は累計3・6万部に達したというから、政治をテーマにした書籍としては破格のヒットだ。

投稿が認められて20歳で音楽評論家・作詞家の湯川れい子さんの秘書を務めることになった和田さんは、90年代にはフリーの音楽ライターとして大きな飛躍を遂げた。そのころ同じ音楽ライターとして同じ雑誌(『ミュージック・マガジン』、週刊SPA!など)に寄稿していたぼくは、面識こそなかったものの、いつも熱を感じさせる個性的な筆致の主として彼女を知った。

そんな和田さんが、世紀をまたぐ前後から音楽ジャーナリズムの世界で生きていく自信が揺らぎはじめ、40歳を超えるころからバイトをかけ持ちして生計を立ててきたことは、『時給はいつも~』を読んで初めて知った。生活維持のためのおにぎり屋の仕事(時給はまさに最低賃金だったとか)でさえ、コロナ禍でクビになったという。音楽ジャーナリズムから離れ、楽曲プロデュースに軸足を移して久しいぼくにとっても、和田さんが綴る「わが貧困の記」は他人事ではなかった。『時給はいつも~』を読んだ感想をツイートしたのがきっかけで、SPA!で対談が実現したのは2021年秋。社会や政治へのまなざしに共感を覚えながらも一度も会ったことがない、遠い街の文通仲間と初めて対面するような心地よい緊張感と感慨があった。

その後も頻繁に会うわけではないが、LINEでいつもつながっている実感がある。気づけば共通の知人も増えた。そんな彼女が神奈川県の大磯町に通っていることは、昨年7月にLINEで知った。これから10日ほど取材で大磯に滞在すると記されていた。ぼくはいきなり大磯と聞かされたら真っ先に「ロングビーチ?」と反応してしまうんだけど、と告げたら、和田さんは春から大磯町議会の取材を進めていると答え、同町議会はパリテが実に20年も続いていることを教えてくれた。

パリテの取材か。それなら和田さんらしいとぼくも納得した。フランス語で「同等・同量」を意味する「パリテ」は、「パリテ法」という言葉のなかで使われることが多い気がする。フランスで2000年に制定された、男女平等の政治参画を促す法律である。以後20年でフランスの国会では女性議員はおよそ4倍に増えたというから、効果のほどは実証済み。とはいえ日本にいると、今ひとつその現状も効果も推し量りにくい事象でもある。それなのに大磯町では20年も前からパリテ議会が実現しているというのだ。寡聞にしてぼくは知らなかった。

今月ようやくその取材をまとめた本が出た。今回もタイトルは長いよ。『50代で一足遅れてフェミニズムを知った私がひとりで安心して暮らしていくために考えた身近な政治のこと（略して「遅《おそ》フェミ」）』。ごくごく飲めてしっかり浸透もする経口補水液のごとき和田さんの語り口は、ここでも絶好調。ひと晩で読み終えた。大磯町で出会った人びとを語り、わが行く末を案じ、来し方をふり返る。師・湯川れい子への真っすぐだけではない思いを吐露する。そして何といっても、山内マリコさんの小説を引用しながらさりげなく織りこまれた和田さんのお母様の話が泣かせる。ぼくは号泣しましたですよ、はい。

これからの人生で和田さんはいったいどれほどの数の本を出すのだろう。どんなテーマで、どんな手法で書かれようと、その作品群は昭和・平成・令和の時代のスケッチとして、もちろんひとりの女性が生きた証として、長く読み継がれていくことを確信した。林芙美子のように。

２０２３年９月29日

ジャニーズ会見「NGリスト」のスクープがNHKから発信された意味は途轍もなく大きい

９月の記者会見で創業者のジャニー喜多川氏の性加害を認めたジャニーズ事務所が、月曜（10月２日）、ふたたび記者会見を開いた。14時スタートにあわせて放送された各局中継の視聴率はＮＨＫ＋民放４局総計でなんと19・３％にも上ったという。ぼくもリアルタイムで観た。

まず脱力したのが、藤島ジュリー景子前社長、白波瀬傑前副社長の不在。前提を欠くとはまさにこのこと。冒頭ではそれについて説明はなく、前社長の手紙を井ノ原快彦副社長がしっとり代読するスタイル。長年テレビで愛されてきた好感度抜群のイノッチに手紙を読ませるとは「エンタメウォッシュ」以外の何物でもない。ずるいよそりゃ。

あ、また「加害者の親族として」なんて言ってる。近田春夫・田中康夫両氏との鼎談（本書第５章に収録）で、ぼくは９月の記者会見でジュリー氏が「お気の毒な親族」ポジションをとって情緒に訴えかける発言をした罪深さを指摘した。これほど同族経営の弊害が指摘されてもなお「姪の私」が主語の「家の話」にしようとする。むろん彼女の本心でもあるのだろうが、ゆえに問題の根は深いのだ。グループ会社あわせて年間売上１０００億円超とされる企業のトップ、１００％株主として「事業承継者の私」の立場でこの問題に臨むべきです。今からでもあの鼎談読んでくださいよ、ジュリーさん。

記者会見の場となったのは、最安値の部屋でも10万円くらいじゃ１泊もできないフォーシーズンズホテル東京大手町。リッチな外国人観光客ご用達として知られる超高級ホテルだ。そんな場所で芸能関係者が大がかりな会見を催すときは、威容で記者陣を圧倒するところから試合は（そして懐柔は）もう始まっている。下世話な言い方をするなら、こんな機会でもなければフォーシーズンズなんて自分には縁がないからって、来館記念にトイレの備品を拝借して持ち帰るようなセコい記者には、勝ち目なんて１ミリもありませんです。

報道関係者から見せてもらった会見案内状は「今後の弊社運営に関しましてご説明させていただきたく」という類型的かつ謙虚な言いまわしで始まっていたが、それとは裏腹に今回ジャニーズは「制限時間は2時間」「一社一問」「更問い（質問の回答に対しての再質問）禁止」といった独善的なルールを設定、了承できない社の方はお引き取り願いますと求めた。いま自社が置かれている立場と会見の趣旨を考えれば、驕りも甚だしく、なんでこんなに強気に言えるのか不思議なほど。

だがいくらルールに不服があっても会見に出たい記者たちは、渋々ながらも会場入りしたわけだ。これって、星付きレストランで開宴前に主催者が「今日お出しするコースもワインも予めこちらで決めておきましたから」と宣《のたま》うようなもの。そう言われたら、オレはアラカルトじゃなきゃイヤとか、メインは半分でいいから前菜をもうひと皿追加、なんて主張する招待客は滅多にいないよね。お代はあちらさん持ちだし、今日はまあいいか、となるのがオチ。

だがもちろん取材は会食ではないし、記者は招待客でもない。もし取材陣が真性ジャーナリストの集合体であったなら、記者たちが連携して会見ボイコットもできたはずなのだ。ところがそうはならなかった。それにはほど遠かった。なんと、ファンクラブ歴30年と悪びれず告白する記者が、事務所全面擁護の立場でマイクを握る場面があり、ぼくはたまげましたよ。さらに、今やすっかり有名なイノッチ副社長の「自分にも子どもがいます／ルールを守っていく大人たちの姿を、この会見では見せていきたい／どうか、どうか落ち着いてお願いします」発言。それを受けての記者たちの拍手。ましてや当日はジャニーズから会見運営を委任されたコンサルティング会社側が、複数の記者の名前や写真を載せたＮＧリストを会場に持参していたことがＮＨＫの取材でわかった。

このスクープがＮＨＫから発信された意味は途轍もなく大きい。だがそれを語るには字数が尽きた。最後に提言を。次の会見は取材者側が手配したらどうか。趣旨からして豪華である必要はないのだから、負担額は極力抑えて。「当事者の会」も使った日本記者クラブや公的施設を利用すればよいかと。ん？　ＮＨＫホール？　あり得ーるでしょう。

２０２３年10月5日

第3章

音楽と社会をめぐるラジオ発言録

©イメージマート

山下達郎「OPPRESSION BLUES（弾圧のブルース）」は「炭鉱のカナリア」である

山下達郎が11年ぶりにニューアルバムをリリースした。音楽プロデューサーの松尾潔は、コメンテーターを務めるRKBラジオ『田畑竜介 Grooooow Up』で、アルバム収録曲の中で異色と言える「OPPRESSION BLUES（弾圧のブルース）」を取り上げ「炭鉱のカナリア」だと評した。どういう意味なのだろうか？

日常を肯定する、生きていることを肯定する

山下達郎さんは「RIDE ON TIME」に象徴されるように、夏の季語みたいな存在でありながら、「クリスマス・イブ」のイメージも強く、冬の季語でもある。これは世代によって違うんです。40代以上は夏のイメージ。それで売り出していた時期があるんです。ご本人は不本意だったらしいですけど。けど、その後、冬の定番ソングも

リリースして、結果、一年中愛されるアーティストになりました。その達郎さんがアルバムを出しましたが、まず前作がいつだったかってことからお話しします。

前作『Ray Of Hope』が出たのが２０１１年です。つまり11年ぶりなんです。ぼくがまだ10代のころ、ロックグループのボストンが８年ぶりにアルバムを出したっていう話を聞いて「アメリカやイギリスといった英語圏だとマーケットが広いから、それぐらいのインターバルでアルバムを出しても音楽で生活が成り立つんだな」なんて妙な感心をしたものです。まさにその位置に達郎さんはいらっしゃるってことですね。

11年間アルバム出していなかったから、その間沈黙していたかというと、そうではありません。旺盛にライブ活動を展開していました。コンサートツアーでわりと小さな都市までくまなく回っている。一方でアリーナとか、ドーム球場とかでは絶対ライブはしません。だいたい２０００人前後ぐらいの劇場を選んで、とにかく細かいところまで回りたいんだっていうような。グローバルよりローカルっていうことを信条にやっています。あと映画の主題歌などのタイアップでシングルも出していました。

今回のアルバムは通算14枚目。デビューして40年以上経って14枚っていうのは確かにゆったりとしたペースなんですが、それだけ充実作ともいえます。タイトルの『ＳＯＦＴＬＹ』は本人曰く「昔はとんがっていたけれど、今はずいぶん人間的にまるくなった」っておっしゃっているんですが、それは謙遜とか洒落で、ぼくはやっぱり社会を見つめる眼差しがどんどん研ぎ澄まされてるなって思いますね。

ぼくは縁あってここ25年ぐらい近いところにいて、プライベートでもご一緒することが多いんですけど、ぶれない人ですよね。商業的なことだけ考えると、皆さんが喜ぶ曲だけを作り続けることも可能なはずなんですが、それ以上に「日常を肯定する、生きていることを肯定する」っていう大きなテーマがあるから、そこを全うするために音楽人としての自分を裏切らないっていうところが足元にあるんだと思います。

鋭い感性で世の中を捉え、異を唱える

今回もアルバムの中に1曲、異色とも言える作品があります。「OPPRESSION BLUES」。「弾圧のブルース」という、日本語タイトルをつけています。これを今のタイミングで聴くと、ウクライナの人たちのことを思ってしまうんです。これをアルバムに先駆けてご自身のラジオ番組で公開したのが3月。ウクライナのことが表面化したのは2月ですから、ずいぶん早いなと思ったんです。

実際にはウクライナのことを歌ったわけではなく、ここ数年のミャンマーやシリアでの争い、立場の弱い人々のことに思いをはせながら、作っています。発表するタイミングで、ウクライナが侵攻されました。これは「ミュージシャンは炭鉱のカナリア的な役割がある」っていうことを証明したような事例だと思います。つまり炭鉱での

危険を人間よりも早く察知するカナリアのように、一般の方々よりも鋭い感性で世の中を捉えている。そしてそれを音楽の形で表現して、異を唱える。それが今回のアルバムに収録されています。

でも『ＳＯＦＴＬＹ』全体はハッピーなアルバムです。生きる喜びや恋愛のときめきが、全体のテーマになっています。でも、以前から達郎さんはこういう政治的あるいは社会的な曲を、アルバムの中に１つ２つ意図的に置くことがある。今回特にそれが効いていますね。タイムリーでありながらタイムレス、そんな音楽が詰まったアルバムなので、ぜひ『ＳＯＦＴＬＹ』を聴いていただければと思います。

２０２２年６月27日

ジャニーズ問題は日本社会全体が抱える膿

ジャニーズ事務所の元所属タレントが、創業者のジャニー喜多川氏からの性被害を訴えている問題で、同事務所の藤島ジュリー景子社長が２０２３年５月14日、自身の見解を動画と文書で発表した。この対応について、所属タレントとの共演も多い松尾潔は、翌15日に出演した『田畑竜介 Grooooow Up』でコメントし、記者会見の開催を求めた。

BBCの報道で動き出した

昨夜（5月14日）9時に、性被害の度重なる告発に対して、ジャニーズ事務所の藤島ジュリー景子社長が動画と文書で公式見解を発表しました。

まず評価すべき点は、ジュリー社長が顔を出したということです。歴代の事務所トップだった母親のメリーさん、そして叔父にあたるジャニー氏は、表に顔を出さないという姿勢を貫いていました。

ジュリー社長はドラマ『3年B組金八先生』などに出演していた女優でした。20年ぐらい前になりますが、NEWSというグループがデビューするとき、ぼくは打ち合わせに出たり、その後、曲を提供したりしているので、ジュリー社長とは面識がありましたが、今回久しぶりにお顔を見ました。

話を戻しますが、ジュリー社長が自分の言葉で語ったことは、これまでのジャニーズ事務所の対応からすれば、ずいぶんと大きな一歩だと思います。また「大きな落度があった」「問題がなかったとは思っていない」といった発言がありましたが、そこも今までの事務所の姿勢とはまったくベクトルが違うところに来ていると感じました。

ただ、そういった発言がこのタイミングになったということに関しては、もやっとした気持ちがぼくにはあります。

これまでの経緯を振り返ります。今年3月に英BBCで、ジャニー氏の性加害問題を告発する番組が放送されました。それを受ける形で4月に元ジャニーズJr.のカウアン・オカモトさんが記者会見を開き、週刊文春誌上でも元所属タレントたちが発言しています。

5月に入ると、ジャニーズファンの有志が、性加害の検証を求める1万6000筆の署名を事務所に提出しました。表現としてふさわしいかどうかわかりませんが、こういったことに少しずつ背中を押される形で、ジュリー社長は引っ張り出された、という感じですね。

一般企業であればとっくに詰んでいる

昨夜の公式見解発表直後に、ぼくが投稿したツイートには、今朝までに「いいね」が約3000件ついていました（午後3時の時点でインプレッション45万件以上）。その投稿内容を改めてお伝えします。

5月14日のツイッター（現X）投稿

「まずは記者会見を。企業の不祥事は数あれど、文書と自社動画だけで謝罪を済ませた例はどれくらいあるのか。『エンタテインメント業界という世界が特殊であるという甘えを捨て』る覚悟がおありなら、ジュリーさん、これを機に膿を出しきりませんか。才能ある所属タレントの未来を守るためにも」

ここは記者会見を開くべきでしょう。不祥事を起こした企業が、文書と自社サイト内の動画だけで謝罪を済ませた例は、ぼくが知る限りほとんどありません。有名企業であればなおさらです。

ジュリー社長の見解には「エンタテインメント業界という世界が特殊であるという甘えを捨て」というフレーズがありましたが、動画と文書による発表では〈観測気球〉を上げただけではないかという印象がぼくにはありますね。

ファンの思い、そして所属タレントの未来を守るために今、するべきは、膿を出し切ることでしょう。その先に、会社が解散になるというシナリオがあったとしても、またやり直せばいいじゃないですか。才能のある人は移籍してもいいし、(経営陣は)改心して再組織化してもいい。

いまコメントしていることは「疑わしきは罰せず」という事実認定の考え方から踏み込み過ぎているかもしれません。ただ、今回の疑惑について芸能界以外の一般企業の論理で言えば、もうとっくに「詰んでいる」話です。

〝被疑者死亡〟というところで逃げ切るのも無理があるし、何よりも公式見解の文書を読んで感じたことは、ジャニーズ事務所に社会的責任感が欠けている、ということです。ここが欠けているから、すべて空疎に思えてしまうのです。

公式見解の要点は「4つのNO」

事務所が発表した文書を、ぼくは何度も読み直しました。その要点は4つあると思います。①記者会見はしない、②事実認定をしていない、つまり性加害をきっちりとは認知していない、③第三者委員会の設置を否定している。その理由は、現および元所属タレントを守るためだというふうに言っていますが、ぼくから見れば事務所の保身ではないかという疑いを捨てきれません。④経営陣の引責辞任に関しても否定。

つまり「4つのNO」ですね。記者会見はしない、事実認定をしない、第三者委員会は設置しない、引責辞任もしない、と。これで納得する人がいるでしょうか？

ぼくは、今回の疑惑を放置することはジャニーズ事務所だけの問題じゃないと思っています。一番の弊害は、今回の報道やマスコミの有り様を見た子供たちがもし性犯罪・性暴力の被害者になったとき、「声を上げても無駄だ」という諦めの気持ちになるかもしれないことです。疑惑を放置することで、社会全体が諦めの気持ちを子供たちに植え付けかねないのではと怖れを感じています。

メディア、広告業界、芸能界だけでなく、みんながこの問題を直視しない限り、性加害や性暴力は、この先もなくならないでしょう。音楽業界に身を置く私も正直つらいです。ましてや、こういう世界に憧れたことがある、あるいは憧れている家族がいる、といった人たちも胸を痛めているはずです。

ぼくたち一人一人が、この国が抱える問題として当事者意識を持ち、みんなで膿を出すというところに、舵を切るべきじゃないでしょうか。

音楽業界、芸能界で仕事をしているぼくが今、ここでこういう発言をしていることの意味について、察していただければと思います。ジャニーズ事務所のタレントと直接連絡を取ることもある立場にいます。彼らと番組で共演する機会も多いことをご存知の方もいるでしょう。私はタレントを守りたい。その立場でお話しさせていただきました。

2023年5月15日

ジャニーズ問題はメディア全体の問題でもある

ジャニーズ事務所前社長による性加害問題で、同事務所の藤島ジュリー景子社長が見解を動画と文書で発表して1週間。ジャニーズ事務所所属タレントがキャスターを務める報道番組はどう伝えたか。松尾潔は「ジャニーズ問題ではメディア全体のあり方が問われている」とコメントした。

この国全体で向き合うべきフェーズに

5月15日にもこの番組でコメントしましたが、ジャニーズ事務所が見解を発表したあとの1週間について、今朝は時系列を追いつつ、ぼくの見解を添えたいと思います。

まずおさらいします。前回僕は、藤島ジュリー社長の謝罪動画と文書での見解発表を受けて、創業以来の「トップは表には出ない」という事務所の方向性を変えて顔を出したことは評価する一方、自社サイト内で動画と文書で回答を発表しただけでは十分ではないと話しました。

加えて、記者会見をすべきだし、第三者委員会も必要ではないかとも話しました。それから1週間、いろんな動きがありましたね。

5月17日、NHKの『クローズアップ現代』が、「誰も助けてくれなかった」というタイトルで、ジャニーズと性加害問題を特集しました。かつて事務所に所属していた方の新たな証言もあったし、コメンテーターの松谷創一郎氏はフジテレビとテレビ朝日を名指しして、民放テレビ局の報道姿勢に疑義を呈しました。

NHKの番組で民放局が名指しで批判されることは珍しいと思います。でも裏を返せば、この問題は一事務所の不祥事で済まされるものではなく、それを報じるテレビ、さらにメディア全体のあり方が問われていると痛感するできごとでした。

近藤真彦さんが、大分県日田市で開かれるフォーミュラカーレースのPRで、大分県庁に表敬訪問したときの囲みの会見で、「もう知ってるでしょ、隠しごとなしに嘘なしに正々堂々と話さないと、みなさん納得しないでしょ」と話していましたね。近藤さんはジャニーズの「長男」として40年ほど君臨していたわけですが、その立場でのあの発言。藤島ジュリー景子社長への呼びかけですよね。

これはかつて近藤さんとジュリー社長が『3年B組金八先生』でクラスメートとして共演していたことを考えると、しみじみとしてしまう話でした。

でも、実際にジュリー社長に面と向かって何かを言える人はいないんだろうなという、彼女の孤独も想像してしまいます。ただ、裸の王様ならぬ裸の女王みたいな経営者に同情するにしても、日本を代表するエンタメ企業のトップとして、今の姿勢は疑問です。ご自身の影響力をもっと考えてほしいと思います。

「創業者がワンマンで、ゆえに会社も大きくなったんですが、変なルールが残っていましてね」みたいな会社があるでしょう？　どこにでも転がってる話だと思います。

もしかしたら「うちの父親がそうだ」という人が、リスナーの中にいるかもしれませんね。でも、正すべきところは正しましょう。先週話したように、やっぱりこの国全体で膿を出していくというフェーズに入っているんじゃないでしょうか。

メディア・音楽団体は共同声明を

5月21日の朝、テレビ朝日系の報道番組『サンデーLIVE!!』でキャスターをしている東山紀之さんが、2分近くにわたってコメントをしました。かなり練り上げられた文章でしたね。

「先週、事務所から喜多川氏に関する公式見解が出されましたので、私自身の考えを伝えさせていただきます。この件に関しましては、最年長である私が最初に口を開くべきだと思い、後輩たちには極力待ってもらいました。彼らの心遣いに感謝します」

東山さんは、近藤真彦さんが退所した後の、ジャニーズ事務所の「長男」として「最年長である私が最初に口を開くべきだ」と語っています。これは15日の日テレ『news zero』で、この問題に関するコメントを回避した櫻井翔さんを気遣っての発言と取れますし、実際そうなんでしょう。

でも、「後輩たちには極力待ってもらいました」って、これはおかしいと思いませんか？　名指しこそしていませんが「櫻井さんが15日に話さなかったのは、僕が待ったをかけていたんだ」という意味での発言だとしたら、それはテレビ朝日のキャスターが日テレのキャスターに待ったをかけたということであり、報道の自由の侵害にあたるのではないでしょうか。

「東山さん、いま自分が言ってる意味分かりますか？」という疑問を抱かざるを得ません。いっそのこと、これを機に〈キャスターごっこ〉はみんな辞めたらどうかと思います。そもそもぼくは、キャスターを名乗る人が民間企業のCMに出るような状況はおかしいと思っているので。

それはジャニーズ事務所に限った話ではなく、他のタレントキャスターも同じ。エンタメ番組であれば構いませんが、そのキャスターが伝えるニュース全体の信憑性が低下します。

くり返しになりますが、今回の問題は一事務所だけのことではありません。このタイミングで、朝日、読売、毎日といった大手新聞社、テレビのキー局、さらに音楽業界4団体が共同声明を出すべきです。そうしないと、この国のエンターテインメントビジネスの地盤沈下は避けられないとぼくは思っています。すでに液状化しているぐらいのイメージです。

ぼくもその末端にいる人間として、大変な危惧を抱いています。スピーディーな解決も誠意のうちです。藤島ジュリー景子社長の英断を求めます。

2023年5月22日

メディア全体の風向きが変わった

前検事総長の林眞琴氏や精神科医などで構成される、故ジャニー喜多川氏の性加害疑惑を調査する、外部専門家による再発防止特別チームが6月12日に記者会見を開いた。この日を境に、新聞やテレビの報道番組が「ジャニーズ性加害問題」に切り込んでいる。6月26日に松尾潔は、メディアの姿勢の変化を評価しつつ、改めて「膿を出そう」と提言した。

ジャニーズの再発防止特別チームが会見

ジャニーズ性加害問題について、前回この番組でコメントしたのが5月22日ですから、ほぼひと月経ちました。その間の動きも含めて、関わりがある業界に身を置くぼくの視点から、改めてお話しします。

なぜ今なのかというと、6月12日にジャニーズの再発防止特別チームが記者会見を開きました。出席したのは元検事総長と精神科医の二人でした。もちろん、このチームが発足した意義を感じましたし、会見が開かれたことは前進だと思います。

ただ、ポイントをうまくかわされたかなという気はします。この会見、5月に発表された、藤島ジュリー景子社長の謝罪動画や文書では不十分ではないかという、世の中の声に応えるために開かれたという側面があると思います。

しかしこの会見に藤島ジュリー社長は、出席していません。また、座長の林前検事総長はこう述べています。

「（第三者委員会という名前ではないが）私たちは第三者委員会であると受け取ってもらっても差し支えない」

なんだろうな、この曖昧な言い方は？　って思います。独立性の高い第三者委員会だと言っているようで、「実はジャニーズのコントロール下に置かれたチームである」ということも物語っているわけですね。そして調査結果をいつ、どんな形で公表するかについても、ジャニーズ事務所にイニシアチブ（主導権）があるということです。

そういうところが問題ではないのでしょうか？　そして、なぜ社長が同席しないのでしょうか？　企業ガバナンスとして、社会的に影響の大きい組織であれば、当然やっていることでしょう。

「政府も検討を始める事態になっている」

一方で、ジャニーズ事務所の本業のほうは順調のようで、この土日に福岡PayPayドームで開かれたSnow Manの4大ドームツアーも大成功だったと聞いています。そういう状況だからなおさら「性加害問題のことも、一応、やっていますよ」という印象を与えてしまうような会見だったと思います。そういう見方をしているのは、ぼくひとりではないでしょう。

朝日新聞の6月16日の紙面で「ジャニーズ　十分な調査　可能なのか」という社説が出ました。かなり本質的なことを言っていましたね。「経営陣が沈黙する一方、矢面に立っているのが所属するタレントたちだ」と。タレントファーストという視点で、そこはぼくも非常に共感を覚えました。

特別チームは意義のある調査ができるのだろうか、ということを朝日新聞も言っています。そして「(一般的な)手順を踏まないまま特別チームに検証を丸投げしただけでは、納得がえられるはずはない。性犯罪対策をどう強化するか、政府も検討を始める事態になっている。ジャニーズ事務所に、記者会見を開くことをあらためて求める」と締めくくっています。まるで、ひと月前と同じことを、また口にしているようですが。

一方、ジャニー喜多川氏による性加害問題を報じ、喜多川氏とジャニーズ事務所から名誉棄損で訴えられた裁判で、文藝春秋側の代理人を務めた喜田村洋一弁護士が6月14日、日本記者クラブで会見しました。

文春とジャニーズとは20年以上前に裁判で争って、文春側が勝っています。この会見、ちょっと長いですが大変見応え、聞き応えがある内容です。YouTube で公開されています。

TBSテレビ『報道特集』がメディアの責任に言及

そして何と言っても決定的だったのは、6月17日のTBSテレビ『報道特集』です。ぼくはかなりのインパクトを受けました。メディアの責任に言及し、TBSも含めて日本のほとんどのメディアが、先述した文春との裁判を報じなかった反省が強くにじみ出ていました。

テレビも新聞も「ジャニーズとずっと仕事をしたいから、そういうことを報じるのはやめてくれよ」というような声が社内にあることを生々しく語っていました。

AERA（朝日新聞出版）の元編集長でフリージャーナリストの浜田敬子さんが、この番組のインタビューで「編集長時代に自らが関わった雑誌で、企画会議や編集部でジャニーズの性加害問題が大きな議論になったという記憶がない」と話していました。

なぜ大きな議論をしなかったのかを考えると、一つには男性に対する性加害の知識が少なく、軽視していたこと。これが女性だったら、あるいは異性間のことだったら話は違ったのかもしれません。

もう一つは、芸能界のできごとということで、裁判の結果でさえ大きな問題として報じなかったこと。つまり、「問題とか事件というよりも、ゴシップ的に見ていた」という、自分たちの報じる姿勢に甘い部分があったのではないか、という反省を述べていました。

それと、ジャニーズタレントが起用されるカレンダーを大手出版社が持ち回りで作っていて、そのことによる言論封殺があるとも触れていました。自社メディアではジャニーズのスキャンダルは扱わないという不文律があったことにも踏み込んでいます。

結構、ぼくにはショッキングとも言えるインタビューで、この『報道特集』もTVerで見られるので、確かめてみてください。

結論としては「やっぱり、改めて膿を出しましょうよ」ということです。1ヵ月前と同じことをまた言いますが、そうしないと、才能のある若い人たちが、ぼくの愛するこのエンターテインメントビジネスに、もう寄ってこなくなるのではないでしょうか。たいへん危惧しています。

2023年6月20日

免責に加担するのはやめよう

国連人権理事会の「ビジネスと人権」作業部会が7月24日から訪日し、ジャニーズ性加害問題を調査する。性加害の実態が明らかになる動きが加速するなかで、同月15日には俳優の服部吉次さんらが70年前の性被害について証言した。7月17日に松尾潔は、この勇気ある告発を、目を開き問題を直視するきっかけにしてほしいと訴えた。

俳優・服部吉次さんらが70年前の性被害を証言

２０１９年に亡くなったジャニーズ事務所創設者のジャニー喜多川氏が引き起こしたとされる性加害問題で、告発が相次いでいます。その最も新しい証言の一つが、７月15日に証言した78歳の俳優・服部吉次さんと友人の松崎基泰さんのものです。その内容というのが、70年前、服部さんが小学生の時の話で、これは衝撃的でした。

１９５３（昭和28）年に、ジャニー氏が作った少年野球団「東京ジャニーズ」のメンバー３人と服部吉次さんと松崎さんら３人、計６人で軽井沢にある服部家の別荘に泊まっていたときに、ジャニー氏が5人を次々に襲ったというのです。「5人もいて、抵抗できなかったのか？」という疑問を抱かれるかもしれません。でもそこには大人と子供、指導者と指導される者、あるいは世に出す人と出される人と言ってもいい、はっきりとした上下の関係性があったのですから。

服部吉次さんは、ジャニーズとも縁の深い、そして日本のポップミュージック界のレジェンド中のレジェンドである服部良一さんのご子息です。俳優で音楽活動もしています。彼のご兄弟には、ぼくもかつてお世話になったことがある音楽家の服部克久さんがいます。

服部克久さんの息子の隆之さんも、日本のポップミュージックにおけるオーケストラアレンジの第一人者ですね。ご親族にはほかにも、テレビのプロデューサーもいますし、ぼくが親しくしている方もいます。まさに芸能界のサラブレッドといえるような方が、ジャニー氏に自宅で100回近く、繰り返し性的暴行を受けていたと証言しているのです。

ことの発端は日刊ゲンダイで2回にわたって掲載された告発です。それをもとに、改めて記者会見が開かれました。2時間半に及んだ会見の全貌は「Arc Times」というYouTubeチャンネルで見ることができます。

この会見はメッセージとしていろんなことを含んでいます。まずなんと言っても

「なぜ78歳になった今になって告発するのか？」と思われるかもしれませんが、これは「ジャニーズ事務所の一連の対応に業を煮やした」というのが一番大きいようです。

「事務所はしたたかに表に出ずに、嵐が過ぎ去るのを待っているように見える」と。「国が調査しても、対応しなければこの問題が片付かない。だから社会全体の問題として真剣に考えてほしい」と服部さんは話しています。

実際、松野官房長官は記者会見で「（人権理の勧告は）法的拘束力はない」と発言し、国として掘り下げる姿勢は見せていません。

「才能があるから仕方ない」は大間違い

政府が「法的拘束力はない」と関わろうとせず、世間からは「証拠を出せ」という声も聞こえてきます。しかし、児童虐待の場合、被害の証拠を持っていることのほうがレアケースだということに、冷静に気づいてほしいですね。「上位に立つ者の理屈」でものを語るのはいかがなものかとぼくは思います。

あと「相手は亡くなっていますよ」と言う人が必ず出てくるんですが、存命中には呪縛で言えなかったという、弱き者たちの心理に立って想像する、そういうエンパシー（共感）が必要ではないでしょうか。

「法律にのっとって証拠を出せ」と訴える人にも言いたい。そもそも今の法律が１０
０％完璧なのでしょうか？　法律というものは永遠に微調整を加えていく必要があ
る、そういう集合知です。だからこそ立法府で法律にいろいろ改正も加えているわけ
です。法律には常に変える余地があるととらえておく必要があると思いますね。
服部さんの会見の中で印象的な言葉があります。
「あの時の異常な様子は忘れられない。彼は非常な合理主義者で使える特権を手に
し、自由に処理したかった。（ジャニー氏を）ある種の星の下に生まれた天才という人
もいるが、『才能があるから仕方ない』は大間違い。悪いことは悪い」
確かに、ジャニー氏が芸能界で天才として扱われてきたことは、国民の常識のよう
になっているかもしれません。しかしだからこそ、うやむやになってしまってきたと
いうことを踏まえて「『才能があるから仕方ない』は大間違い」だと言っているので
す。
これは芸能界に限ったことではないと思います。スポーツ、あるいは宗教の場にお
いても、やっぱり「指導する人、される人」「世に送り出す人、送り出される人」と
いう、立場がはっきりしている場では起こりやすいことなのかもしれません。残念な
ことですが。
でも、そういう特別な世界だからといって、子供たちへの虐待を免責していいはず

はありません。「ジャニーさんは天才だから。私は尊敬しています」という考え方は、免責に加担しているということを猛烈に自覚すべきです。

とくに、エンタメの世界の責任ある立場の人たちがジャニー氏を「天才、天才」と褒めそやすのは、断言はしませんが、彼が行ったかもしれない、これほど多くの告発者が出た、限りなく可能性が高い悪行に対して、ウォッシュをかける、つまり漂白してしまうんです。

知名度のある方はソーシャルアクションを

改めて自身の立場をはっきりしておくと、ぼくは（別の事務所のアーティストにくらべて）特別多いほうとは言えませんが、ジャニーズのアイドルにも何度か楽曲提供したことがありますし、ここ数年はジャニーズ所属タレントの冠番組から依頼を受けて出演することもあります。

そんな立場にありながら、今まではよく知らなかったこと、知ろうとしてこなかったことに対し、強く恥じる気持ちがあるんです。その悔恨の思いがあるからこそ、くり返しこの問題についてコメントを続けています。

ぼくにとって、そのきっかけは英BBCで放送された番組『J-POPの捕食者：秘められたスキャンダル』でした。大きなショックを受けました。でも、この番組を見ていない人もいるでしょうし、今回の服部吉次さんの勇気ある告発がきっかけになったという人もいるでしょう。目を開いてください。特別な世界だからといって、子どもへの虐待を免責するようなことは、ぜひやめていただきたい。

名前は出しませんが、事務所の方、メディアの方、ビッグネームのアーティスト、そしてもちろん一般の方がたからもたくさん支援のメッセージをいただいています。なかには、ぼくに物品の差し入れをしてくださる方もいます。

でもほとんどの方は「自分は表立って何もできないけどね」と一言おっしゃる。そう言うしかない現実が、この業界には確実にあるんです。じゃあなぜぼくはこうやってくり返し発言しているかというと、その慣習に従ったり、黙って通り過ぎたりすることに対して、嫌悪感を抱くセンサーがほんの少しだけ敏感なんだと思います。そのセンサーだって、2023年3月のBBCの番組までは反応していませんでした。

やっぱり知名度のある方に特に呼びかけたいです。「知名度の平和的な利用」というか、有効活用であるソーシャルアクションを起こしてください。そこに及んでこそ、真の意味での「尊敬される」アーティストだという風潮になることを願っています。

2023年7月17日

人権問題としてのジャニーズ性加害

ジャニーズ性加害問題をめぐり、国連人権理事会の専門家が8月4日記者会見し「数百人が性的搾取と虐待に巻き込まれるという深く憂慮すべき疑惑」と説明した。この問題についてたびたびコメントしている松尾潔は、8月7日の放送で「ジャニーズ性加害は人権問題」とし、法整備の必要性を訴えた。

ジャニーズ事務所だけの問題ではなくなった

国連人権理事会の「ビジネスと人権」作業部会が8月4日、日本記者クラブで会見を開きました。とりわけ注目を集めたのが、ジャニーズ事務所の創業者、ジャニー喜多川氏による性加害問題についてです。いくつか重要な指摘がありました。

また、それを受けて同じ会場で、ジャニーズ性加害問題当事者の会も会見しました。ジャニーズ事務所も声明を出しています。これまでも、音楽プロデューサーという立場で断続的にこの問題を取り上げてきましたが、こうした動きを受けて、改めてぼくの意見をお伝えします。

まず、今回の問題はジャニーズ事務所に限ったことではないと前置きをしておきますね。やはりジャニーズ事務所は、日本のエンターテインメント業界の筆頭企業の一つ、リーディングカンパニーです。この会社の体質が、この国のエンターテインメント業界全体に及ぼした影響は非常に大きく、ゆえにこれほどまでに社会問題化しているのです。

国連人権理事会の記者会見で触れられたジャニーズ性加害問題の要点は、以下のとおりです。ほぼ2週間にかけて行われた被害者との面談などを通しての報告でした。

・数百人が性的搾取と虐待に巻き込まれているという深く憂慮すべき疑惑が明らかになった
・日本のメディアが、数十年にわたってこの不祥事と呼べるできごとのもみ消しに加担してきた
・ジャニーズ事務所の特別チームの調査については、透明性と正当性に疑念が残っている

これを受けてジャニーズ事務所は声明で「今月末ごろには特別チームが再発防止の提言を行う見込み」と言っています。この今月末というタイミングに関しては、日本

テレビの『24時間テレビ』でジャニーズ所属タレントのキャスティングが予定されているため、その放映（8月26、27日）を終えてからを意味するのではという指摘があります。

確かに、いささか遅めのこのタイミングにはそうした疑念を抱かざるを得ません。スピーディーな対応も、被害者に対する誠意のひとつだとぼくは思いますから。

それはともかくとして、ジャニーズ事務所は「作業部会の見解を厳粛に受け止め、被害を申告されている方々と真摯に向き合い、丁寧に対応を続けていきたい」と、以前にも聞いたことがあるような声明に終始しています。

一方、当事者の会の皆さんからは、もっと体温の伝わるようなコメントが出てきましたね。

実効性のある法律の整備が求められている

もうひとつ、人権理事会が指摘したとおり、これはジャニーズ事務所だけではなく、政府そしてメディアの責任である、つまりこの国全体の問題であるということです。

メディア、とりわけ民間放送は、スポンサーありきで動いたり、エンタメ業界と協働して、コンテンツを作ったりしています。結果的に、メディアとエンタメ業界が一緒になって「性暴力を不問にする」という文化を守ってきたのです。

8月5日、TBSテレビ『報道特集』で、元コンサルタントの松崎基泰さんがジャニー喜多川氏に性被害を受けたと告白していました。当時小学生、つまり70年前のことをずっと口に出せなかったと。

1950年代の日本では「男の子はそういうことを口にするものではない」という雰囲気が強かったんですね。（松崎さんが性被害を70年間告白できなかったことは）そこから透けて見える「男はこうあるべし」とか、もっと言えば1947年の家制度廃止の後もしぶとく残る家父長制のしきたりが、背景として存在していたのです。

被害者たちが口をつぐんできたのは、当時のそんな空気があったことが理由のひとつでしょう。日本が抱えてきた宿痾、あるいは膿だと思います。今のタイミングで根深い旧弊を断ち切ることができたらいいですね。

今回のジャニーズ性加害問題は（英BBCの番組や国連人権理事会という）「外圧頼み」ということになっていますが、そうでもしなければ動かなかったということを、私たちは強く自覚すべきだと思います。子供の性被害に対して、これまであまりに目配りが足りなかったのではないでしょうか。

性被害は人権問題です。人権の問題である以上は、やはり法律の整備がないと、抜本的には変わっていかないと思います。いま、児童虐待防止法が時代にフィットしているのかどうか、論議を呼んでいます。なぜならこの法律が、（現行法では虐待を保護者からの行為と規定しており）そもそも「第三者による加害」を考慮していないからです。

性被害は人間の心に関わります。ゆえに「それは人によって考え方が違う」みたいな話にもなりかねません。だからこそ、共通の指針として実効性のある法律の整備が求められます。

メディアと法律、この2つの側面から、解決に向かう歩みを止めないことです。

2023年8月8日

「社名の継続」は被害者を置き去りにしている

「ジャニーズ事務所の社名は変更しない」——。性加害問題についてメディアを通じて早くからコメントをしている松尾潔が、9月7日の事務所側の会見を受け、11日に出演した『田畑竜介 Groooow Up』であらためて「被害者ファーストであるべき。社名を変更しないことは、被害者を置き去りにしている」と強調した。

「ジャニーズ会見」の不自然さの正体

9月7日、ジャニーズ事務所が記者会見を開き、新・旧社長たちが出席しました。すでに4日が経過していて、多くの論評がなされていますが、このコーナーで早くから取り上げてきた問題ですので、あらためてコメントします。

今回の会見、「やっと」という気持ちを起こさせるくらい時間はかかりましたが、ぼくが見た印象としては「この国の中にも自浄作用的なものが残っているのかな」という、かすかな希望を抱きました。

今回の記者会見、「開かれてよかった。めでたしめでたし」という気分ではありませんでした。たしかに、評価すべき点はたくさんありましたが、全体としては、どこか芝居がかった、きつい言い方をすると、茶番めいたところもあった気がします。

まず評価すべき点は、新社長である東山紀之さんが力強く「法的なところに縛られずに」と述べて、法を超えて救済や補償をすると明言したことです。例えば勇気を持って告発された服部吉次さんは70代で、被害はジャニーズ事務所ができる前のことでしたが、「時効だから」という主張はしないということです。

そもそも今の法律すべてが正しいのか、という視点もあります。国民感情も意識しての決定だと思うんですが、事務所として時効に縛られないような救済や補償を記者会見の場で言ったのは大きなことだと思いますね。

一方で疑問もあります。文藝春秋やBBC、さらに国連人権理事会まで動いたときでさえ、事務所はまるで静観しているようでした。相当大きな信頼がおかれているはずの国際的機関が指摘したことさえも「憶測扱い」していたのです。それなのに、自社の第三者委員会が事実確認したらこんなに（簡単に）意見を覆す。これで「外部の意見に耳を傾けた」と言えるのでしょうか。

東山紀之さんの新社長就任という人事に関して、ぼくは疑問があります。身内で首をすげ替えただけじゃないかと。特別チームは「解体的な手直し」ということを提案していました。どう捉えるかにもよりますが、「解体」には程遠いと思いますね。

それゆえ、東山さんが「人生賭けて」とか「人類史上最も愚かな事件」「鬼畜の所業」とか発言しても、ぼくには空疎というか、そこまで言わないにしても、ちょっと不自然だなと感じました。その不自然さの最たるものはやっぱり「社名を変えない」ということですね。

特別チームの報告書に、社名の変更について言及がなかったから、記者会見で事務所側から社名について触れることはしなかったのかもしれません。ただ、4時間以上に及ぶ記者会見の終盤で「変更の余地はある」とは言っていましたけどね。

「では、なぜ社名を守るのか？」と質問されたときの東山さんの答えも気になりました。「これは創業者や初代グループの呼び名にとどまらない、所属タレントにとってはエネルギーやプライドという性格を担った名称でもあるので、どこまで変更することがいいのか」という内容だったのですが、これはさすがに無理筋だとぼくは思いましたね。

やはり記者たちも「事実認定した性加害者の名前であり、社名を連呼することが被害者のフラッシュバックの引き金になるのではないか。実際そういう方もいます」と翻意を促しましたが、東山さんは「その通りだと思います。はい。正しいと思います」とある種、役人的な受け答えでした。一体どこまで本気で変えようと考えているのでしょうか。

たしかに、所属タレントとファンのことをよく考えていることはわかりました。でも「被害者ファースト」であるべきだと思うんですね。それがあってのファンであり、所属タレントであると、これは当然のことだと思います。社名継続ということ自体、被害者を置き去りにしている気がしました。

rightかwrongかではなく、fairかunfairかで

ジャニーズWEST★というグループがいます。ぼくは楽曲を提供したこともあるし、メンバーとテレビで共演したこともあります。グループ名に「ジャニーズ」が入っているジャニーズWESTのメンバーである中間淳太君が、大阪のテレビ番組で

「一人でもジャニーズって文字を見て嫌な思い出が蘇ってしまうのであれば、僕は変更するべきだという気持ちもあります」とコメントしたそうです。

所属タレントがこのような発言をしたということは、事務所内でも答えがまとまっている状態ではないということが透けて見えましたね。ぼくは社名を変えるべきだと思います。子供の人権への配慮というものが、絶対なければなりません。

ＳＤＧｓを掲げる日本、そして日本企業の人たちも、二枚舌にならないような行動をとってほしいですね。東京海上日動、ＪＡＬ、アサヒグループＨＤ、キリンＨＤといった、それぞれの業界最大手のグローバル企業が、ジャニーズタレントのＣＭ起用を解除する動きを一斉に見せています。

これに関しては「そこまでやる必要あるのか？」と、賛否両論あるようです。ぼくは、企業もきちんと意見を表明してしかるべきだと思います。何も言わずに突然契約解除するということも実際に起きているのかもしれませんが。

ぼくは世の中における「正しいこと」って、いつの時代も見極めが難しいと思うんですね。立場によっても、どう見るかによっても違いますし。だから、rightかwrongかではなく、fairかunfairかで物事を見定めるという気持ちをいつも忘れずにいたいものです。今回の事件も、そのことを確認するための好機と捉えたいと考えています。

２０２３年9月12日

★10月18日、グループ名を「ジャニーズＷＥＳＴ」から「ＷＥＳＴ.」に変更することを自身のYouTubeチャンネルほかで発表。

第4章 メロウな抵抗のためのラブソング

音楽と政治は新たに出会い直すべきだ

安倍晋三元首相暗殺から1週間。衝撃的なニュースが続き、時間の感覚が麻痺してしまった人も多いかもしれない。2022年6月30日、音楽業界4団体が、自民の比例代表・今井絵理子、東京選挙区の生稲晃子両候補の支持を公式に表明したことはご記憶だろうか。

その日、ぼくは東京選挙区で苦戦が伝えられる共産の山添拓候補を応援するとツイートした。初当選の2016年以来、山添議員の国会質疑を見てきて、人を動かす言葉を持っていると感じたから。政治家はそういう言葉を持った人であってほしいという思いを込めた。

すると夜に「4団体への抗議ですか」と幾人からも訊かれた。ツイートは4団体の支持表明より数時間早かったが、そのタイミングはどうにも悪かった。特にかつてぼくがSPEEDのエリこと今井候補と仕事していた過去を知る人にとっては、下世話な興味を掻き立てるツイートだったらしい。

デビュー前の1995年、初めて会ったエリちゃんは小6。『THE夜もヒッパレ』の収録にあわせ、週末に沖縄から上京していた。待ち時間でも休憩することなく、学校の宿題に真剣に取り組む子だった。ある時など、ぼくは国語の宿題について質問攻めにされたほどだ。自分にとってエリは、家庭教師時代に会った利発な教え子のような存在と言っていい。

だが政治となればまた別の話。彼女が実践してきた障害者支援政策は評価に値するが、改憲の考えには賛同できないし、同じく改憲派の生稲候補も支持できない。

4団体のひとつ、音制連（日本音楽制作者連盟）の加盟事務所★に所属するぼくも、各団体トップ4名が顔出ししての支持表明は寝耳に水。誰が自民候補を支持しても驚かないが、業界としての支持表明には首を傾げた。自民を支援する日本医師会のように、業界団体が特定政党を支持することはよくある。しかし会員の医師全員が自民に票を投じるだろうか。

ましてや音楽は、白黒がはっきりつかぬ景色の色合いを細やかに描くことで成り立つような世界。そもそも右向け右が苦手な人たちだから、組織票はなじまない。

なのに今回の件について大っぴらに批判する有名ミュージシャンはごく少数。その事実に失望を覚える世間の声も耳に入ってくる。

ま、表面上はおとなしく見せておいて、その実ちゃっかり自分の意思に基づいた投票をする面従腹背の輩の集まりなんだよなあ、と仲間たちの顔を今思い浮かべているのだけど。

選挙では今井・生稲両候補ともに当選。いっぽうで、ぼくが推した山添候補も6人区で3位当選。各種調査によれば彼は女性、無党派層、10代、さらに60代以上のカテゴリーでトップの得票数だという。そこには変化を求める音楽人もかなり含まれていると思いたい。圧倒的な知名度を誇る蓮舫、生稲、山本太郎というタレント出身候補を下位に従えての3位には希望を感じる。

でももっと気楽に政治の話ができるような社会の到来を、ぼくは待っている。変わらなきゃ。変えられないために。

２０２２年7月15日

★株式会社スマイルカンパニー。

社会や政治や日常の理不尽すべてに常に怒りがある

ラブソングを作ったり、主に音楽について文章を書いたりしている。ありがたいことにヒットや賞には恵まれてきた。テレビやラジオに出ることもある。自分の名前を冠したＮＨＫ－ＦＭの番組は、かれこれ13年目だ。私生活では20年以上ともに暮らす連れ合いがおり、子どもが複数いる。現在54歳。大病を患ったことは幸いにしてまだない。そんな具合だから、たまに

「生きてて怒りを感じることなんてないですよね」と揶揄されるのも無理はないと自分でも思う。

だが事実はそうではない。怒りはつねにそばにある。何に？　社会や政治や日常の理不尽すべてに。ぼくは怒りを燃料に変えることでここまで歩を進めてきた自覚がある。その火はときに消えそうに見えても結局はしぶとく燻《くすぶ》りつづけ、燃え尽きてしまうことはないのだ。

ツイッター（現X）でつぶやくようになって8年が経つ。おすすめの洋楽、朝のスイーツ、身辺の雑事、そして政治の話。そこに「政治」を含むことに否定的な音楽人も多いが、ぼくは音楽を語った口で政治の話もしたい。だからどれもひとつの実名アカウントでつぶやく。多くの国で30％から50％の間にあるツイッターの匿名率は、日本は70％以上と突出して高いのだそうだ。

自分のツイートに賛同が寄せられると素直に嬉しい。心強くもある。だが誹謗中傷もまた頻繁に目にする。興味深いのは、賛同は実名らしきアカウントからも届くが、激しい誹謗はほぼすべて匿名という点。ぼくが与党を批判するときは、その傾向がとりわけ顕著だ。

アイコンに日の丸を掲げ愛国を謳う匿名者のいじらしさ。われらが宰相に対して無礼な輩をやり込めたい、ただし身内や職場には気づかれることなく。その葛藤や不安を思えば心からの同情を禁じ得ない。糾弾される立場としても「言うても匿名だしなぁ」と正直微妙。生来の鈍感力の高さも加わり、ダメージは露ほどもないのである。

人身攻撃というのだろうか、論そのものではなくぼくの身の上をねっとり責めてくるのも「匿名の愛国者」の特徴だ。夏の参院選の時期に増殖したのは「生活に困ってない音楽人のくせに共産党候補を応援しやがって」。これはじつに味わい深かった。声に出して読みたい日本語、である。ボーッとして読むと、この投稿者こそ「リベラルのあるべき姿」を説く真のサヨクではと思ってしまう。まじめに読み解けば「相手に不足あり」と言われているわけで、微苦笑するしかないのだが。

駆け出しの頃はスタジオ代の捻出にさえ四苦八苦していたぼくだが、気づけば久しく「生活に困ってない」。確かに。でもね、ちょっといい車に乗って、ちょっと高いワインを飲むくらいじゃ、怒りは消えないものでしょう？　と逆に訊きたくなる。シャンパン社会主義者、リムジン・リベラル、ハリウッド左翼、何とでもお好きに呼んで頂戴な。

そんなぼくが毎週木曜にコラムを連載することになった。先日酒場で邂逅した中森明夫さんにお伝えしたところ「松尾潔が日刊ゲンダイ？　堕ちたね～」と、氏ならではのとびっきり辛口のエールを拝受した。たまたま同じ店に居合わせたのは、若き日の愛読書『優しいサヨクのための嬉遊曲』の島田雅彦さん。スリーショット写真はもちろんツイートした。いささか出来過ぎの船出である。

2022年9月2日

「不快」なるワードに感じる性加害についての認識の古さ

２０２２年４月から毎週月曜朝に福岡のＲＫＢラジオに生出演、音楽や時事ネタについて自由におしゃべりさせてもらっている。今週の放送で一連の「香川照之騒動」について話したら、過去最多の反応があった。ここではさらに煮詰めて語ってみたい。

実はぼくは20年ほど昔に香川さんと会っている。まだ梨園入りする前で、今ほどの人気も知名度もなかった。だが２００２年公開の中国映画『鬼が来た！』での演技は凄まじく、単行本化された同映画の撮影日記にも彼の非凡さはみなぎっていた。当時ぼくが出資していた映画制作会社の作品にも、香川さんはいくつか出演した。どれを観直しても彼の演技はカビ臭さをまったく感じさせない。

その後の快進撃は誰もが知るところで、なかでもＴＢＳドラマ『半沢直樹』で演じた悪役・大和田常務は決定的だった。いま香川照之がこの国を代表する名優のひとりであることは論を俟たない。

そんな人気俳優が、芸能生活の危機にある。３年前に銀座の高級クラブで行った性加害を報じた新潮砲の余波は、彼の最大の収入源ともいわれる「トヨタイムズ」ＣＭ降板におよんだ。

2021年トヨタ自動車はオリパラ組織委員会の森喜朗会長の「女性がたくさん入っている理事会は時間がかかる」発言を公式批判、辞任に追い込んだ「実績」があり、今回はその筋を立派に通したともいえる。

もっとも、CM起用は香川さんと豊田章男トヨタ社長（当時）がまさに銀座のクラブで出会って意気投合した末の産物と聞くから、章男氏としてはその夜をほじくり返されたくないという事情もあったのかもしれないが。

日本最大のCMスポンサーから公開処刑された芸能人を起用し続ける民放テレビ局はない。金曜キャスターだったTBS『THE TIME,』は、発覚直後の8月26日は冒頭で本人が生謝罪したのみで通常通りに進行したが、9月1日にトヨタがCM降板を正式発表した翌朝は、4分間もの長尺VTRで本人が再謝罪と番組降板を告げる異常な事態となった。

「当事者の方々はもちろん、私の今までの人生すべてに関わってこられた方々の中で、私が不快な思いをさせてしまった方々に対して、その方々すべてにお詫び申しあげます」と詫びて深々と頭を下げる姿に、当たり役の大和田常務を思い浮かべた視聴者は多いだろう。全責任を負う覚悟を宣言したような謝罪には、一定の説得力があった。

がしかし、ぼくはそこで複数回使われた「不快」なるワードに危うさを感じた。性加害についての認識が古いのではないか。不快な思い。不快感。不快に思われたのでしたら。「不快」というワードを含む表現は、政治家や企業トップが不祥事や失言の際に多用する。一見良心に訴えているような印象を与えるが、今回はそこが間違っている気がしてならない。

例えば万引きって、もうそれだけでアウトですよね。相手が不快かどうかは関係ない。行為自体が犯罪だと誰もが認識している。たとえ被害者が億万長者で、盗んだのが百円玉ひとつだったとしても。その犯罪を大目に見てくれるかどうかは、また別の話。

報道を見るかぎり、ホステスの女性に香川さんがしたことは、その事実だけですでにアウト。「不快」かどうかではない。もちろん「銀座だから」でも「銀座なのに」でもない。同意なく他人のカラダに触ってはいけない時代にぼくたちは生きているのですから。クラブの高い料金にも「同意なきボディタッチ代」は含まれていない。わかってんのかなＴＢＳは。

ところで、謝罪における「不快」には「不徳」がセットで付いてくることが多く、そのたびにぼくは鼻白んでしまうのだが、香川さんの謝罪に「不徳」は出てこなかった。安直に紋切り型の表現に頼らない姿に、窮地にあっても流石は香川照之！　と自著での名文家ぶりを思い出した。でもその後に覗いた所属事務所の公式ＨＰでは、誰が書いたか「全ては本人の不徳の致すところ」という政治家ライクな常套句が出てきてゲンナリ。彼の抱える孤独を案じたのでした。改めるべきところは改めて、またテレビに戻ってきてほしい。切に。

２０２２年９月９日

dj hondaは、いつも何かに怒っていた若き日を今どう思うのか

入場曲にラップ曲を使うほどのヒップホップ好きで知られたイチロー選手。大リーガーになる前の彼が「h」のロゴ入り野球帽をよく被っていたのを憶えているだろうか。「h」は、日本を代表するヒップホップDJであるdj hondaこと本田勝裕さんのファッションブランド。過熱するイチロー人気とともに拡大し、1999年には帽子が約30万個、バッグや時計などを含むブランド全体としてはなんと約100億円の売り上げを記録した。

hondaは80年代にロックギタリストを志して北海道から上京後、DJに転身。後のTRFのリーダーDJ KOOとグループを結成して、早見優のバックでテレビ出演した時期もあるが、90年代初めに自分の音楽性を追求するべく渡米した。98年には錚々たるラッパーと共演した作品が全米チャートにランクインという、日本人DJとして前例のない快挙を達成。数回の世界ツアーも経験している。

渡米前の彼とぼくは同じ番地に住み、一緒にイベントをやる間柄だった。普段は飾り気がなく心優しいhondaが、この国の音楽と音楽業界の話題になった途端、別人のように激しく怒りだす姿は今もつよく記憶に残っている。20年近くをアメリカで過ごした後は、札幌に腰を据え

て活動を続けてきた。最近では彼に憧れて音楽を始めたような年少のラッパーたちのサポートにも精力的だ。

先週、クラブイベントで来京した彼と数年ぶりにサシノミした。出会ったころは20代のふたりも現在50代。いつも何かに怒っていた若き日を今どう思うか訊いてみた。

「あのころは、自分のやりたいことが好きにやれない状況に対してイライラしていた」とあっさり認めたhonda。さらに告白は続く。「でもソニーミュージックと大きな契約を結んでも気持ちは収まらなくてね。むしろ怒りはデカくなるばかり。日本からニューヨークのスタジオまでやって来たスタッフに『俺のアルバムの制作費使って観光旅行か』なんてヒドいこと言ってたもん」

ぼくは訊いた。怒りを絶やさないよう、あえて自分をそう仕向けていたところもあるんじゃないか。怒りこそが創作活動の燃料だと知っていて。

「いやいやいや」。右手を振ってhondaはきっぱり否定した。「はるばる日本から来てくれたスタッフにそんな怒り方しちゃダメっしょ。俺がバカだっただけ。若すぎた」

目の前には柔和な笑顔がある。今のhondaが怒りを溜め込んでいるようにはとても見えない。では今なおペースダウンすることのない音楽制作の原動力はなんだろう？

「ずっと続けることが音楽だもん。怒ろうが笑おうが、音楽は音楽で続けなきゃ。だったら怒らないほうがいいよね」

そして、10年ほど前から活動をともにすることが多いジャズトランペッター日野皓正の影響もあると言う。「日野さんに連れ出されてから、この10年はゴルフに熱中してる。ゴルフなんて誰がやる？　って悪態ついてた俺がだよ。コロナ前なんて年１００回以上コースに出た。笑っちゃうよね」

hondaが全米チャート入りを果たした98年、小林信彦が週刊文春で始めた連載コラムのタイトルは『人生は五十一から』。その時ぼくは30歳。人生の妙味を知るまであと20年もかかるのかとため息をついたものだ。

ところでボーヴォワールが名著『老い』のなかで、青年期を過ぎた知的職業人に対してやたら辛辣なのはよく知られている。いわく「学者は40歳に達すればすでに老いているのである」と。だが画家と並んで晩成説を認めた例外が音楽家だ。「老齢期のバッハの諸作品は彼の最も美しい作品のなかに数えられる」と述べただけでなく、ベートーヴェンは最晩年50代半ばの弦楽四重奏曲で「それまでの自己を凌駕」したとまで断言している。

はてと『老い』を出したときのボーヴォワールの年齢を調べてみた。62。では『人生は五十一から』を書き始めた時の小林信彦は？　65。うーむ。50代のうちはまだ50代を語れずってことか。

そこに着くまではまずぼくも音楽を続けなきゃだな。なるべく笑いながら。まあ理不尽には怒り続けるけど。国葬、とか。

２０２２年9月16日

この国の「未熟さ」について周東美材と語り合った

出版不況が叫ばれて久しいが、新刊の著者のトークイベントを毎日催して盛況の書店が、東京の下北沢にある。

店名を「本屋B&B」という。一風変わったその名は本（Books）とビール（Beer）に由来する。実際にビールをはじめとしたドリンクを片手に読書したり、対談を楽しむことができるのだから、本好きの天国といわれるのもうなずける。

ぼくは実に7年ぶりにB&Bのイベントに出演した。気鋭の社会学者・周東美材《しゅうとうよしき》さんが、数多の実例を引用して日本のポピュラー音楽文化の特徴を論じた『「未熟さ」の系譜』（新潮社）の出版記念対談である。

周東さんは1980年生まれの42歳。童謡についてのユニークな研究で注目を集める存在だ。面識はなかったが、先述の新刊がとにかく面白かったので対談依頼を喜んで受諾した。

ぼくは実作者の立場から、この国の商業音楽に足りないものはメロウ、つまり成熟を求めるまなざしだと長年言いつづけてきた。周東さんはひと回り下の世代だが、新刊では腑に落ちるフレーズを連発していた。そんな著者に会ってみたいという個人的な興味も携えてB&Bに向かった。

満員御礼の対談は大いに盛り上がった。「未熟さ」を基調とするガラパゴスな日本型ポピュラー音楽は、メディアの変化という〈変わりやすい側面〉と、理想の家族像や「子ども」に関する価値意識という〈変わりにくい側面〉の相乗によって反復されてきた、というのが周東さんの考察だった。

その考察にぼくは著しく共感した。音楽にとどまらず、「お茶の間」という期限切れのフィクションの維持に固執するテレビ業界の見苦しい片意地だって、この考察を敷衍すれば説明がつくのではないか。

2時間の対談で緊張感が最も高まったのは、日本における「未熟さ」の総本山ジャニーズ、とりわけ故ジャニー喜多川氏に話題がおよんだとき。米国籍をもつ日系二世のジャニー氏は、朝鮮戦争に従軍した後はMAAGJ（在日米国軍事援助顧問団）なる機関の職員だったらしい。ではその機関の具体的な目的は何か。ずばり、戦後日本の再軍備推進だったというから驚くではないか。

知られざる「ジャニーズ前史」にぼくは大興奮。まさかこの対談で「憲法9条」というワードが出てこようとは。ヒットを仕掛ける商売の血が騒ぎ、ついつい「新刊の書名は『ジャニーズと自衛隊』、いや『9条とジャニーズ』でもよかったのに」なんて軽口をたたく始末。

それを咎《とが》めるでもなく涼しげな表情で対応した周東さん。誇張や演出とは無縁の淡々とした口調に、たとえ芸能界のネタでも下世話に転じないその道のプロとしての矜持を感じた。このクールなたたずまいは最近もどこかで見たぞ。誰だっけ。

「あ！」と声が出かけた。旧統一教会について語る鈴木エイトさん、なのだった。

２０２２年９月23日

石破茂は、「愛の告白をするときに原稿を読む人はいません」と語った

政治と言葉の理想的な関係をさぐるのは難しい。ふたりの代議士に会ってしみじみ思った。

国葬前日の９月26日の夕方、新宿西口で行われた国葬反対デモ集会にぼくは足を運んだ。スピーカーのひとりに立憲の小川淳也議員がいた。小川さんといえば、大島新監督の政治ドキュメンタリー『なぜ君は総理大臣になれないのか』で知られるが、デモに参加するイメージはあまりない。実際スピーチは受けが悪かった。喉の不調もあってリズムが悪い。アジるでもなく、ユーモアで和ませるわけでもない。聴衆より自分に言い聞かせているようにも感じられた。民主主義を取り戻そうという主張には一定の説得力があったが、この種の集会に不慣れな

印象は払拭できぬまま、スピーチは終了した。

そのあと本人と話してわかったのだが、その日の午後、彼は大井町で品川区長選の応援演説をしていた。その際に喉をかなり消耗し、本調子にはほど遠い状態だった。彼はその悔しさをぼくに語り続ける。話題が世襲議員の弊害におよぶと目が据わり、声は一段と大きくなった。熱がびんびんに伝わってくる。いまスピーチやれば聴衆の心をひとつにできたのに。内心そう思いながらも、ぼくは彼の熱さを好ましく感じた。そのとき頭に浮かんだ四字熟語は、たいへん失礼ながら「楽屋真打」。未来の真打はそこにいた！　とポジティブに捉えてみたい。

さて、ぼくは夏の参院選期間中に軽い気持ちで〈超党派ドリームチーム〉を夢想中とツイートした。それを面白がったのがサンデー毎日編集部。〝チーム〟の筆頭的存在である自民党の石破茂議員との初対談を企画、実現させた。ドリームチームの選抜条件は「自分の言葉で語る、説得力に満ちた政治家」。対談のテーマが「政治と言葉」になったのも自然なことだった。詳しくは同誌（２０２２年10月９日号）を読んでいただくとして、ここでは同誌記事からはこぼれたが、ぼくが最も心を摑まれた話を紹介したい。

鳥取県知事の息子だった石破さんは、中学時代のほぼ毎日、ひとり自転車に乗って有名な鳥取砂丘に通っていたという。当時目に焼きつけたものが政治家としての原点、原風景になったとも。物寂しく広大な砂丘に何を見たのか。この問いに彼は「寂寞《せきばく》」と答えた。

これにはぼくも痺れたね。豊かな教養と繊細な感性、そしてひと刷毛《はけ》のかなしみが凝縮されているから。

すぐさま連想したのは「我のかなしみは彼のかなしみではない」と綴った萩原朔太郎。ぼくはそれを、他者のかなしみを理解するためには自らのかなしみを常備する必要がある、と解釈している。朔太郎の言葉はさらに「(人は)いつも永久に、永久に、恐ろしい孤独」と続く。石破少年は、砂丘に紋様を描きだす風の中にこの真理を見出したのでは、とはロマンチックに過ぎる想像だろうか。

だがボキャ貧議員、借りパク議員が跋扈《ばっこ》する現在の自民党内にあって、どうやら石破さんの語彙力や言語感覚は煙たがられてもいるようだ。非情な現実ではないか。しかし彼は「原稿を読んでしゃべる人はあまり信用しない」ときっぱり。自分の言葉で語ってこそ政治家の誠意だと断言する。

「愛の告白をするときに原稿を読む人はいません」

たまらないではないか。

政治と言葉、は確かに難しい。理想的な関係をさぐる作業に終わりはないのかもしれない。でも夢もあると信じたい。とびっきり甘い夢が。

2022年9月30日

五百旗頭幸男監督があぶり出す家父長制という日本の宿痾

岸田首相が長男を首相秘書官に起用した★。この国に根付く「家」を痛感させる出来事である。

「官邸内の人事の活性化と岸田事務所との連携強化」が目的というが、鵜呑みにする有権者ばかりでないことは首相も重々承知のはず。低支持率にあえぐ現在、最も信頼のおける存在が長男だとしても、公私混同の誹《そし》りは免れない。

岸・安倍家をはじめ、旧い家制度に則るように政治家一族の世襲と利権占有は続いてきたし、終わる気配もない。明治憲法下の家制度は1947年に解体されたとはいえ、そのイズムは依然として政界そして国全体を縛りつけている。

北陸に居を構え、かの地の事情を微細に描くことでこの国全体を覆いつくす理不尽をも映しだす異能のテレビマンがいる。五百旗頭《いおきべ》幸男監督だ。現在44歳。

2020年の映画『はりぼて』で富山市議会の不正を暴き、政治ドキュメンタリーの新たな旗手として注目を集めた彼が、富山のチューリップテレビから石川テレビに移籍して撮った『裸のムラ』は、「家」つまり家父長制（父権主義）のありようをとらえた意欲作である。

2022年3月、地元出身の元文科大臣・馳浩が新知事に就任して話題になった石川県は、保守王国とも自民王国とも呼ばれる。馳が選対本部長を務めたこともある前任の谷本正憲は、7期28年にわたり知事を務めた。その谷本が副知事として仕えた中西陽一にいたっては、死去したとき8期31年目の知事在職中だった。なんと昭和38年からつい今春までのおよそ60年間、石川県知事室の椅子に座ったのはこの2人だけ。超・長期政権がくり返されてきたのである。

石川の保守王国ぶりは筋金入りだ。百万石の一番大名として知られる加賀藩が長く続いたことが、現在の保守的かつ安定的な風土につながっているという俗説には、抗いがたい説得力がある。長期間の権力集中が弊害を生み出すことは、誰もが想像できそうなものだが、実際その磁場に身を置けば、「安定」のメリットが眩しすぎてデメリットはなかなか見えづらくなるものらしい。

『裸のムラ』は、谷本前知事や石川出身の森喜朗元首相の滑稽寸前な独善的言動の数々を採集、展示し、その背後にカビ臭い家父長制があることをあぶり出す。さらにカメラは市井にも向けられ、日本人夫とインドネシア人妻のムスリム一家、バンライファーと呼ばれる車中生活者の日常も映しだす。女を支配したがる男、年少者に服従を強いたがる年長者。観ていて息苦しさを覚え、「大人の男ですみません」とつぶやきたくなるのはぼくだけではないはずだ。

五百旗頭監督の動向を注視してきたが、彼もまた若いころぼくの作る音楽を愛聴していたらしい。そんな幸せな偶然があってＳＮＳで連絡をとりあってきたが、公開が始まる『裸のムラ』のプロモーションで東京に出張してきた監督と初めて飲んだ。

彼の作品を非凡たらしめるのは、シニカルな視点、反復を駆使した編集、映像との安直な調和を拒む音楽の3つだとぼくは思う。そのセンスのルーツを問うべく、ぼくは「あのシーンはあの映画のオマージュ？」といった類の質問をぶつけたが、本人は涼しげな表情で回答をはぐらかすばかり。的外れな質問を連発するぼくに気を遣ってくれたのかもしれないが。

そんな監督がはっきりと言いきったのが「地方はこの国の縮図」。日本に生きる誰ものそばに家父長制は息づいているのだ。息子を秘書官に据える首相を嗤う資格はあなたにありますか、という問いを突きつけながら。

２０２２年10月7日

★２０２３年5月29日、岸田首相の長男・翔太郎氏は首相秘書官を辞職した。２０２２年末に首相公邸で親族らと忘年会を催して記念撮影をしたことに対しての批判の高まりを受けたとみられる。事実上の更迭だった。

音楽の聴き方を教えてくれた「ジューク・レコード」松本康を悼む

9月末、福岡の老舗レコード店「ジューク・レコード（JUKE REKORDS）」創立者の松本康さんが永眠された。享年72。１９７０～80年代の博多発のビート音楽、通称「めんたいロック」の主導者であり、ぼくにとっては音楽の聴き方を教えてくれた先生だった。

松本さんは、この国を代表するブルースロック・ギタリスト鮎川誠さん★の盟友。鮎川さん同様に学究肌でブルース研究家と呼び得る圧倒的な知識量を誇った。加えて、鮎川さん率いるシーナ&ロケッツに歌詞を提供する、優れた音楽クリエイターとしての側面もあった。だが本人には複数の顔を持つことへの興味はさほどなかったらしい。バンドのプロデュースだろうとラジオ出演だろうと「レコード店主」の立場を貫き、またそのことを誇らしく思っていたようだ。自分が人生を変えるほど感銘を受けた音楽の愉しみを若い人たちに教えたい。くり返しそう語った。

ぼくがジュークに初めて足を踏み入れたのは40年前、中3のとき。野球部のつらい練習から逃れるように音楽の魅力にはまった。１８５センチの巨軀に彫りの深い顔立ちの松本さんはすごく大人に見えたが、当時まだ32歳であったとずいぶん後に知った。１９７７年に福岡初の個人経営による直輸入レコード店を開業、ようやく5年が経ったころか。店名のジュークは、音楽酒場を意味するアメリカ南東部の黒人スラングと、松本さんの前職、学習塾（ジュク）の先生のダブルミーニング。まさに至高の音楽塾だった。

じつは中学、高校時代に店主の松本さんと直接話したのは数えるほどしかない。おっかなくて。おそれ多くて。でもぼくはジュークでたしかに「対話」していたのだ。誰と？　レコード棚と。侮《あなど》ることなかれ、ジュークの陳列にはワザがあった。確固とした文脈があった。うろ覚えのミュージシャン名だけを頼りに棚を覗く。するとそのレコードの隣には、彼や彼女に近しい音楽性の、あるいは強い影響を与えたミュージシャンの作品が置いてあるのだ。だから商品の並びをじっくりチェックすれば、音楽の体系は自然と頭に入ってきた。もっとも、それが松本史観とでも呼ぶべき独特かつ極上の視座に基づくことも、ずいぶん後になって気づいたのだが。

時は流れ2012年、NHK Eテレでぼくの音楽性のルーツをたどる特集が企画された。ロケ地に故郷のジューク・レコードを指名し、松本さんとの対談が実現した。撮影スタッフを引き連れて久しぶりに店を訪ねたぼくには、ある種の気負いや気取りがあったかもしれない。対して松本さんはあくまで自然体。博多弁丸出しで「あんた詰め襟ば着て、店の奥に座って、ようレコード漁りよったね」と相好を崩す。それでいて「レコード店ビジネスはダムのようなもの。一気に放流すれば川下は氾濫する、全部止めれば日照りになる。うまい按配に流しながら貯水の様子を見せていくのがコツ」といった鋭い言葉も出てくる。そういえば松本さんはアフォリズムの名手であることを思いだした。値札には手書きで警句が添えられていたものだ。「涙の再会！　この機会買い逃すまじ！」といった、客の心を突き動かす文言が。

ぼくがジュークで買った最も思い出深いアルバムは、マーヴィン・ゲイの『スタボン・カインダ・フェロウ』。頑固者。博多弁だと「きがさもん（気嵩者）」だろうか。70年代の福岡で直輸入レコード店を開くという前例なき計画の成功を信じて疑わず、自己資金5万円ながら495万円の借金をして起業した松本さん。当時をふり返るたびに「俺にあったのは120％の自信と99％の借金」というのがお約束だった。

彼こそ「きがさもん」だったのでは。今のぼくにはそう思えて仕方がない。

2022年10月14日

★松本康さんが亡くなって4ヵ月後の2023年1月29日、膵臓がんにより死去。享年74。

スマホの向こうに後光が見えた伊集院光の言葉

ぼくは正真正銘のラジオ世代。マイクに向かってから30年ほどだが、リスナー歴となると半世紀近い。好んで聴くのは自分が関わる音楽系ではなく、トーク主体の番組。達者なおしゃべりを求めて、スマホアプリ radiko で地方のラジオを聴くこともしばしばだ。

同世代でナンバーワンのラジオＤＪと信じて疑わないのが、伊集院光さん。１９９５年、ラップトリオ「ファットマンブラザーズ」を結成した彼を、自分の番組のゲストに招いた。楽曲を聴いて伊集院さんを真性ヒップホップ好きと見込んでのことだが、大いなる勘違いだったのは番組が始まってすぐにわかった。彼はあくまでしゃべりのプロとして、ラップという新しい言語表現を楽しんでいただけ。音楽のプロのぼくが過信してしまうほど、彼のラップ技術は水際立っていた。

そんな伊集院光のキャリアのはじまりが、六代目三遊亭円楽門下の落語家であることは、今ではよく知られている。今年初頭に円楽さんが脳梗塞で入院して以来、全国ネットの5分間ラジオ番組『三遊亭円楽のおたよりください！』を代演（一時期復帰した師匠のアシスタントとしての出演も）で支え続ける伊集院さん。獅子奮迅の働きぶりには、師への敬愛の情、ラジオへの思い入れ、加えて噺家魂とでも呼ぶべき情熱を感じずにはいられない。とくに円楽さんが逝去してからのトークには、ミニマリズムの美がある。尊い何かに触れる思いでぼくは同番組に耳を傾けている。

表現の極みに達したのは今月13日。いつものようにリスナーのお便り紹介で番組は始まった。円楽の死にショックを受けた矢先に娘の妊娠を知り、「悲しいことと嬉しいことが一気にやってきました。人生って不思議。無事に産まれたら会うたびに円楽さんのことも思いだしちゃいそう。変な報告ですみません」と困惑まじりで喜びを伝えるリスナー。

伊集院光はどう応じたか。以下書き起こしてみる。

「おめでとうございます！　僕もそうなんですよ。知り合いの女の子から、ちょうど師匠の訃報を聞いてすぐぐらいのときに『じつは妊娠しました』というメールをいただいて」と、まずは心優しきリスナーの立場に寄り添った彼は、続いて故人の言葉を引用する。

「師匠によく言われてたことで、落語はね、一発ギャグとかと違って『おもしろくて、かなしくて』とか『こわくて、くさくて、まぬけで』とか、いろんな感情が押し寄せる話をしても良いんだって」

ここからが圧巻だった。「お塩を入れすぎたからって砂糖を入れてもゼロにならない。だけど『あまじょっぱい』って複雑かつ深い味になるじゃないですか。だから、師匠亡くなって悲しい、お子さんを授かって嬉しいって、同時ですごい良いと思います」と、リスナーの困惑を全肯定してみせたのである。

伊集院さんの力強い言葉に、立川談志の名言「落語とは人間の業の肯定」を連想したリスナーはぼくだけではないだろう。

「ゆく人くる人、だから。師匠はさようならで、無事赤ちゃん産まれてようこそ、ということで」

スマホの向こうに後光がはっきりと見えた。

２０２２年10月21日

早見優こそは人生でただひとり夢中になったアイドル

「すいません事後報告で。早見優さんのYouTubeに出演したのですが、松尾さんの話を勝手にさせていただきました」

困惑を覚えるＬＩＮＥがスージー鈴木さんから届いた。この1学年上の音楽評論家と出会ったのは昨年だが、ふたりしてファンだった早見優や筒美京平について話すうち、同じ街に住んで同じ大学に通っていた事実まで判明、すっかり気を許す存在となった。ゆえの困惑である。まさか彼女に余計なことを話したのではあるまいな。

そう、早見優こそは人生でただひとり夢中になったアイドルなのだ。ぼくは大河ドラマ『国盗り物語』で濃姫を演じた松坂慶子（当時20歳）に5歳で心奪われてから現在に至るまでずっと、女性には成熟した魅力を求めてきた。だが中3の数ヵ月だけはデビューしたばかりのハワイ帰りの美少女にのぼせあがった。日焼けした健康的な容姿はもちろんだが、他のどんなアイドルとも違う彼女の仕草に目を奪われた。

熱病だった。早見優がＣＭに出演する資生堂やペンタックス（旭光学工業）の福岡支社の住所を電話帳で調べてはアポなし訪問、粘り強く交渉してポスター等の戦利品を得た。準備中の公式ファンクラブにフライング承知で申し込んだら1桁の会員番号が届いたのには驚いたが、そこまでは親バレせずに済んでいた。

だが、夏の大会が終わって野球部を引退した息子は受験勉強に専念中と信じていた母親は、東京からの電話に仰天する。ファンクラブのスタッフを名乗る大人の男性から14歳の息子への伝言は「うちの早見を九州地区でも盛り上げていきたいので、潔さんがエリアリーダーになってくれませんか」。塾から帰宅した受験生はたっぷり絞られて脱会させられた。

早見優は「花の82年組」。歌唱力なら明菜で異論はない。エッジの効いた現代性はキョンキョンにまかせよう。伊代ちゃんのおとぼけな物言いにプチブル的余裕を見出すのも一興。そして——早見優には何があった？　きれいに歳月を重ねていく姿を目にするたび、ぼくは甘酸っぱい記憶と共に自問をくり返してきた。

正解は大人になって手に取った雑誌の記事にあった。オーディション番組全盛期のアイドルとしては珍しく、ハワイでスカウトされてデビューした彼女。スカウトしたサンミュージックの相澤正久氏（現会長）は自社に松田聖子がいることをまずアピールしたが、日本の最新芸能事情に疎い早見優は「ごめんなさい、わかりません」と反応が薄い。そこで相澤氏が同社の看板・森田健作の名前を出すと「ドラマ見てます！」と目を輝かせたという。当時ハワイのテレビで放映されていたのは少し昔の青春ドラマだったからである。ギョーカイの大人たちが求めるアイドル像から逸脱した彼女の仕草は、この環境に依拠していた。

YouTubeのYu Hayami Channelを観た。ドライブトークとあるからスージーさんがドライブに連れ出すのかと思いきや、早見さんがマイカーのハンドルを自ら握って東京の街をドライブ、助手席のスージーさんと肩の凝らないトークを展開する。40年前に夢中になった美少女は、いま品良く成熟した大人の女性になっていた。

スージーさんによるやや唐突なぼくのフリに対して、知ってますよとごく自然に返した早見さんは、好きだというぼくがつくった曲の名を言った。悪ノリしたスージーさんはもうひとりのお気に入りアイドルの名前を挙げ、近々一緒に合コンをとはしゃぐ。思わず微苦笑。そのとき去来した感情をメロウと呼ぶことに、ぼくはいささかのためらいもない。　２０２２年10月28日

早川千絵監督『PLAN75』は倍賞千恵子を観るためにある

倍賞千恵子が主演し、２０２２年５月の「第75回カンヌ国際映画祭」でカメラドール特別表彰を受けた早川千絵監督の長編デビュー作『ＰＬＡＮ75』がロングランヒットしている。９月には第95回米国アカデミー賞国際長編映画賞部門の日本代表（前回は『ドライブ・マイ・カー』）に決定した同作を観るべく、新宿の劇場に足を運んだ。結論を言うなら、今年観た日本映画の

暫定ナンバーワン。上映中、自分の心が動く音がいくたびか聞こえた。傑作に触れる感動と新星の登場に立ち会う興奮がないまぜになり、鑑賞後は上映時間１１２分より長い時間を感情の整理に要したほどだ。

早川監督は東京生まれ、現在46歳。高校卒業後、映画監督を志して米国留学したものの、育児や企業勤務による長い中断を経て40代で監督デビューした異例のキャリアの主だ。『ＰＬＡＮ75』は、監督自身による脚本がなんといっても圧巻。ストーリーも、台詞も。舞台は未曽有の少子高齢化社会となった近未来の日本。超高齢化問題の解決策として、国の主導と支援のもと満75歳からは安らかな死を選択できる制度「プラン75」が施行された、架空の社会を描く。同プランを歓迎する風潮が世間を覆い、老若男女あるいは在日外国人はそれぞれの立場でプラン75に翻弄される。

狂騒的コメディとしても成立しそうなテーマ設定だが、ディストピアのひと言で安易にカテゴライズされるのを拒むような繊細な演出は、早川監督の非凡さを物語る。「これってあり得るかも」と感じさせるリアリティを随所に配することに余念がない。昨今の日本映画にはびこる「すべて語りつくす台詞」や「誤読の余地ない演技」とはまったく無縁。説明を極力排除することで表現としての豊かさを獲得したとも言える。全編で通奏されるのは観客への強い信頼に他ならない。

そして倍賞千恵子のすばらしさ！　この一本であらゆる主演女優賞を総ナメにしても、ぼくは露ほども驚かないだろう。監督の才能を激賞することと「この映画は倍賞千恵子を観るためにある」と断言することが同義になるのが、『PLAN75』最大の達成か。倍賞演じる身寄りのない78歳の勤勉なホテル清掃員ミチは、凛とした佇まい、うつくしい言葉遣い、つつましい所作で「旧き佳き日本」を体現する。そんなミチが奮闘むなしくプラン75を選択するにいたる、世のままならなさ。観客はそれをお安い同情や憐憫《れんびん》からではなく、いつのまにか生まれていたミチへの共感から理解する。まず演技があるのではない。そこには人間がいる。

「2025年問題」という言葉がある。団塊世代全員が後期高齢者となる同年、日本は5人に1人が75歳以上の超高齢社会を迎える。『PLAN75』はこの予測をふまえているが、企画の大きな契機になったのは、2016年7月の相模原障害者施設殺傷事件。当時に言及した早川監督のコメントが作品公式サイトにあった。「人の命を生産性で語り、社会の役に立たない人間は生きている価値がないとする考え方はすでに社会に蔓延しており、犯人特有のものではない。政治家や著名人による差別的な発言も相次いで問題になっていた」

第3次安倍改造内閣の時代だった。殺傷事件の前月、麻生太郎副総理は、将来の不安をあらわにした90代を「いつまで生きているつもりだ」と揶揄した。副総理はあのとき何歳だっけ？調べてから鳥肌が立った。まさに75歳だったから。

作品に希望があるとすれば、若い登場人物の「気づき」だ。磯村勇斗と河井優実（両者名演！）扮する心優しき若者たちは、プラン75の普及と施行に尽力してきた。だがある日気づく。自分は無自覚なまま、非人道的きわまりない政策に加担してきたのでは。そして動く。世界を回すにはいつも若い力が必要であることを、監督は台詞少なく、でも力強く訴える。

早川監督がカンヌ映画祭で表彰されてわずか3ヵ月半の9月13日、かつて同映画祭の粉砕事件を首謀した巨匠ジャン＝リュック・ゴダール監督が、スイスで亡くなった。享年91。疲労困憊を理由にした安楽死だった。なんとも示唆的ではないか。

２０２２年11月11日

超スター堺正章を生み出した時代と彼を取り巻く人びと

音楽を入り口に芸能界と関わりを持つようになって30年以上経つ。たくさんのスターに会った。だがそんな思い込みがじつはおめでたい勘違いではと疑いはじめたのは、2年ほど前にテレビ番組で堺正章さんと共演してからである。以来、仕事や私的な場で堺さんと幾たびかご一緒してきたが、顔を合わせるごとに自分が抱いてきた「スター」の定義は刷新されていった。

１９６２年にグループサウンズの嚆矢《こうし》ザ・スパイダースに加入して以来、堺正章はずっと超のつくスターである。一度もその座をうしなったことがない。76歳の現在も頭の回転はおそろしく速く、番組収録中も洒脱なジョークをアドリブで連発する。そこにひと刷毛のかなしみを織り込むことも忘れない。TVカメラの前を離れると、イタリアの稀少な旧車を乗りこなし、仕立てのよい美しい服をかの国流儀で着こなす。洗練された所作にはオンとオフの差が存在しない。ひと言でいえば、もう圧倒的に「カッコいい」。

心の底からスターと呼びたくなるこの御仁と会うと、ふだん自分が接する若い歌手やタレントを同じスターという言葉で括るのは、どこか間違っている気がしてくる。たとえ彼らにどれだけヒット作や知名度があろうとも、だ。思いをめぐらせる先は自然、堺正章を生み出した時代と彼を取り巻く人びとへ向かっていく。

戸部田誠（てれびのスキマ）さんの新作ノンフィクション『芸能界誕生』（新潮新書）は、ぼくの思いに応える絶好の一冊。いま人々が「ザ・芸能界」として認識しているビジネスの黎明期と揺籃期を丹念に描く。最大の読みどころは、元ザ・スパイダースのリーダー兼ドラマーにして田辺エージェンシー代表・田邊昭知の独占インタビューだ。ザ・芸能界の領袖《りょうしゅう》のひとりである田邊さんの生きた言葉をまとめて読める機会はきわめて稀。ぼくが「絶好の一冊」と言う所以でもある。

同書の起点は、1958年2月開催の「第一回日劇ウエスタン・カーニバル」に、その後のTHE芸能界の大立て者が勢揃いしたという事実だ。公演主催の渡辺プロダクションの渡辺晋・美佐夫妻をはじめ、田邊昭知、その兄貴分である堀威夫（ホリプロ）、相澤秀禎（サンミュージック）、井澤健（イザワオフィス）……さながら芸能プロ紳士淑女録の趣。もっとも、当時の彼らは若手ミュージシャンや付き人の身分なのだが。

『芸能界誕生』刊行を企画したのはテレビ制作会社大手ハウフルスの菅原正豊会長。かつて夢の箱とも呼ばれたテレビの中心にあったザ・芸能界の歴史を知ることにより、現役世代に「自分たちが次の時代を作っていくんだ」と思ってもらえれば本望だと企画者と著者は唱和する。菅原さんの後ろ盾を得て実現したインタビューには田邊さんに加えて、堀さん、曲直瀬道枝さん（マナセプロダクション）の名前も。どれも読みごたえたっぷり。〈進駐軍とジャズ〉〈ジャズ喫茶とロカビリー〉〈テレビと和製ポップス〉〈男性アイドルとGS〉の4部構成も奏功し、高いリーダビリティを作りだしている。

難があるとすれば、堀さんと田邊さんの登場場面はカッコよすぎるか。まあ彼らが斯界《しかい》の「カッコいい」を定義したのだから当然か。文中での堀・田邊コンビのカッコよさは、ぼくの知る堺さんのそれと同種同根。それを知るにおよび、今後も堺正章の活躍は続くことを確信した。その一方で、企画者の本望に反して「堺正章（のようなスター）を生み出した時代」の再来はなかろうという悲しい予感も得たのは皮肉だが。

44歳の著者は、出会いよりも袂を分かつ場面でこそ精妙な筆致が冴える。無意識の産物なのか、あるいはサウダージ……二度とめぐり来ることがない時代へのあまやかな郷愁ゆえか。真相は実際に読んで確かめていただきたい。

2022年11月18日

天童よしみ「帰郷」に込めた故郷というテーマの現代性

大晦日の『第73回NHK紅白歌合戦』の出場歌手が発表された。賛否両論あれど、紅白はこの国有数の長寿テレビ番組である。現在もなお放送業界と芸能界で破格のステイタスを誇ることは周知の通りだ。「紅白」のように、番組名に含まれる普通名詞がそのまま略称として通用する例はそうそうない。「大河」や「のど自慢」くらいか。あ、どちらもNHKだな。

紅白をすべての歌手が目指す必要はない。そんな時代でもない。だが歌づくりを生業とするぼくは、紅白が夢という歌手と組む場合はその実現に向かって尽力する。当然のことだ。裏方にとって紅白は達成すべき〈目標〉であり、運だのみの〈夢〉ではない。

出場経験豊富なベテランとの仕事では、いっそうの注意と集中力が必要とされる。だから、今年の紅白発表で天童よしみさんのお名前を確認したときは心から安堵した。9月に発売された50周年記念シングル「帰郷」で、ぼくは初めて彼女に歌詞を提供していたのだ。紅白発表に先がけて同曲は日本作詩大賞にもノミネートされたので、二重の安堵だった。

念のために言うなら、天童さんは紅白の常連中の常連。今年でじつに通算27回目、26年連続出場となる。人気・実力ともに演歌界のトップクラスの彼女との仕事で絶対に回避したかったのは、自分が関わるせいで連続出場が途絶えるという事態。先ほど「安堵」と言ったのはそんな不安が払拭されたから。いっそ若手との仕事ばかり重ねれば気楽でいいかというと、それも大いに疑問だ。歌の世界には、キャラクターを確立したベテランだけが表現できる領域が確かに存在する。作り手にとってそれは抗いがたく魅力的なのである。

天童よしみが長い芸能活動で確立したキャラクターを一言で表すと「あたたかい人間性」。さらに、美空ひばり以来の天才と称される卓越した歌唱力という絶対的強みもある。50周年プロジェクトの総指揮を務める作編曲家・本間昭光さんから作詞を依頼されたとき、演歌とは畑違いのぼくでも断る理由はなかった。

天童さんと本間さんは大阪・八尾の小中学校の先輩後輩で、ご近所同士の間柄という。それを知るにおよび「故郷のあたたかさ」という詞の構想がまず浮かんだ。次に、天童よしみだからこそ表現できる歌の世界を考えた。昔ながらの人情や情愛を懐古的に描けば、きっと大きな失敗はなかろう。だがそれだといかにも予定調和。もっと攻めたい。あのタイムレスな歌声があれば、社会という壁をタイムリーに穿《うが》つことだってできるはずだ。

現代社会が抱える最も新しく最も大きな問題は何か。そのひとつにぼくはロシア・ウクライナ戦争を挙げたい。戦争の最大の悪はもちろん人命を奪うことだが、故郷が失われるのもまた大きな悪である。戦闘激化でウクライナを脱出する人びとの映像を今年どれだけ見たことか。人生には思いがけぬ理由で故郷を喪失してしまう瞬間が訪れるものだ。天災、病気、事故、失職、絶縁、そして戦争。軍靴の響きが聞こえる錯覚に襲われることはこの国でも増えてきた。そう感じるのはぼくだけではあるまい。

では理想の故郷とは？　これはきわめて根源的、かつ現代的な課題である。「帰郷」においては〈何ひとつ責めずに帰還者を受け容れる場所〉と規定した。故郷はあなたを責めず、ただ見守ると。もし責められていると息苦しく感じたなら、理由はきっと自分の中にある。故郷の寛容さは、故郷の優しさや甘さに苛立った時期を経て初めて知るのだから。かつて離れたときと同じ理由で、ひとは故郷に帰ってゆく。

5分弱の曲にはいささか大きなテーマだったか。ぼくにはそんな懸念があった。ところが、天才のあたたかい歌声は、それが杞憂であることをあざやかに証明したのだった。

2022年11月25日

林真理子文学の黄金比と「後ろめたさ」の秘密

「日本の作家だと誰を読んでます？」

初対面の相手に趣味を問われて読書と答えたときの第2問として、最もポピュラーなもののひとつだろう。回答には、ある程度以上の著作数がある作家、さらに言えば現役作家であることが望ましい。

だが、ときに自分も訊く側に立つからこそ、この質問を受けるたびにぼくは慎重になってしまう。何（愛読書）ではなく誰（作家名）と訊く場合、回答者のたんなる趣味というより、人となり、あるいはその先の生活や政治の信条をも問う意図が多分にあるからだ。

先日もそんな場面で口ごもっていると、思いがけず第3問が飛んできた。「じゃあ一年三百六十五日で最も多く触れている作家は？」すると、自分でも拍子抜けするほどあっさりと名前が口を衝いて出てきたのだ。

「それなら林真理子さんですね」

理由は簡単。ぼくが数十年定期購読してきたいくつかの週刊誌で、林はエッセイや対談を長期連載している。定点観測と呼べる感覚で彼女の言葉に触れてきたのである。加えて２０２２年7月には日本大学理事長に女性として初めて就任し、メディアに頻繁に登場しているという事情もある。ぼくにとって、林真理子ほど「触れる」機会の多い作家はいない。

――こう書くと、「ははーん。さては、でも小説は読んでいませんってオチか」と勘繰られるかもしれない。が、さにあらず。ぼくは彼女の小説もかなり読んできた。２０２１年は引きこもり問題に向き合った『小説８０５０』を、２０２２年はこの国には珍しい実名の不倫小説『奇跡』を、といった具合。多くは自分で購入したものではなく、自宅、仕事先、ときには帰省中の実家で「そこにあった」から読んだ。いずれも女性のいる場所という共通点はあるが、随所にそんな出会いの場が転がっているのは人気作家（林の表現を借りれば「流行作家」）の証といえるだろう。

別の言い方をするなら、これほど身近に触れていても、なぜか冒頭の問いには「林真理子」と即答できない。それにもやはり理由があるのだと、最新刊『成熟スイッチ』（講談社現代新書）を読んであらためて得心が行った。同書はベストセラー『野心のすすめ』（同）から9年ぶりの人生論。もちろん日大理事長就任と大いに関わる出版だし、実際にその話は冒頭から写真つきで出てくる。

読者なら誰でも、林に他人の出自や経歴への旺盛な興味を失う気配がないのを知っている。名門や名家に対してはめっぽう寛容なことも。散財と節約、暴飲暴食とダイエット、暴挙と忘却、良心と悪意の間をゆれ動きつづける彼女は、一方でそんな自分を驚くべき冷徹さで俯瞰する超優秀なウォッチャーでもある。そして何より働き者（いわく「死ぬほど働かなくては」）。最近おぼえた表現を使うなら「緻密などんぶり勘定」の鬼才なのだ。自伝的性格も濃い『成熟スイッチ』でも、ともすれば自画自賛だらけになりかねない成功譚に、自虐をひと刷毛入れる間合いが絶妙。美文の類ではないが、平易な日本語表現としてはこれが黄金比かもと思わせる語り口の巧みさは、小説同様にここでも健在だ。

ある種のトリップ状態で最後のページまで一気に辿り着けるだけに、陶酔から醒めたあとの反動《バックラッシュ》も大きい。こんな下世話なハナシにひとりでつき合ってしまった、という恥ずかしさと虚脱感は、セックスではなくマスターベーションのそれに近い。ゆえにロマンスにも武勇伝にもならず、他人には秘す体験となる。そういう「後ろめたさ」こそが文学、とも思うけれど。

２０２２年12月２日

津田沼パルコ閉店とサングラスの女性歌手の記憶

先週末の夜、ぼくは千葉県習志野市津田沼にいた。ＪＲ津田沼駅北口から伸びるペデストリアンデッキには溢れんばかりの人びと。「津田沼パルコ」の壁面を使ったプロジェクションマッピングの見物客である。梨泰院《イテウォン》雑踏事故の影響か、警備にあたる警察官たちはそろって厳しい表情だ。「はい、立ち止まらないで！」。警告が怒気を帯びていくなか、あざやかな映像がパルコの壁面に投影された。津田沼の過去と未来を描いた5分間ほどの映像は、近未来的な意匠に感傷的なトーンがまじる。そう、これは２０２３年2月末に45年間の歴史に幕を下ろすパルコの閉店イベントの一環なのだ。こんな葬送の儀もあるのかと胸が熱くなった。

津田沼駅で降りたのは今世紀初めて。千葉のラジオ局 bayfm でＤＪを務めていた１９９６年頃、一度だけパルコで公開生放送をやって以来だ。番組は午前から夕方まで7時間もの長尺だったから、ぼくは早朝に現地入りした。だが開店は番組スタートから1時間後。それまでは、せわしなく働くパルコの清掃スタッフや各テナントの朝礼を見ながらマイクに向かうという試練が待っていた。目の前に何もなくても、いや何があろうとも、そこが快適空間であるかのように楽しげに話すのがおしゃべりのプロだとすれば、自分が有資格者になるには一億光年かかることを思い知らされた。

当日は数組のゲストが出演した。よく憶えているのが、早い時間に登場した山崎まさよしさん。まだブレイク前の彼はマネージャーもつけずにギターケースひとつで現れ、「徹夜明けなんすわ。本番になったら起こしてください」と言うや、積み上げられた放送機材の裏の狭いスペースで毛布にくるまり、すぐに寝息を立てはじめた。本番ではとぼけたユーモラスなトークが絶品で、行き交う買い物客たちの足を止めるほどだった。「セロリ」で注目を集めるのはその数ヵ月後である。

観客エリアの前方を陣取る男性たちは、みなメインゲストの女性タレント目当てだった。数年前に豊かなバストと美貌を備えたグラビアモデルとして一世を風靡した彼女は、そのころ本格派歌手への転身を強く望んでいたようだ。実際、ぼくは前日に局側から「くれぐれも音楽の話以外はしないように」と釘を刺された。津田沼でのぼくはなぜか「警告」と縁があるらしい。

しかし、ファンのお目当てが歌声ではないことは明らかだった。予定よりかなり遅れてサングラス姿の本人が登場すると、会場はファンの発するオスのにおいで一気に満たされた。その種の集いに慣れぬぼくは気分が悪くなるほどだった。奇妙なのは、トークコーナーが始まっても女性タレントがいっこうにサングラスを外す気配をみせないこと。これぞファンを焦らすテクニックかと勘繰ってもみたが、どうやらそうでもなさそうだ。

最初のトークが終わって新曲が流れている間に、痺れを切らしたファンの男が「サングラスとって〜」と叫んだ。ほかのファンたちの下卑た笑いがそれに続く。調子に乗った男が、今度はサングラスを外すことをせがむように両手を叩くと、ほかの客たちも手拍子を重ねはじめ、会場は異様な興奮につつまれた。女性タレントはファンを一瞥もせず、豊かな胸の上で両腕を組んだ。すぐ隣に座るぼくには、グラデーションがかったレンズの奥が見えた。柳眉《りゅうび》を逆立てた彼女は夜叉の表情だった。けっきょく一秒もサングラスを外さないまま、「歌手」は20分程度の出演を終えると番組スタッフへの挨拶も端折ってパルコを後にした。

春がやってきて改編期になると、その番組は打ち切られた。以来、現在にいたるまで、ぼくはさまざまなラジオ局で冠番組を持たせていただいたが、公開生放送をやったことは一度もない。

彼女はそのあとスポーツ選手と結婚、芸能界を引退した。10年ほど経ったころだろうか、日本の芸能人が愛用することで知られるハワイのホテルのプールサイドで、家族とくつろぐ彼女を見かけた。やわらかい笑顔は優美ささえ感じさせた。

2022年12月9日

吉増剛造と、詩と詞と歌について語る機会を得た

作詞した天童よしみさんの50周年記念シングル「帰郷」について、少し前に書いた。そのとき、同曲が第55回日本作詩大賞にノミネートされたことに触れたのをご記憶だろうか。まさに軽く〈触れた〉程度だったが、驚いたことに先週末ぼくは大賞を受賞した。その模様はテレビで生放送されたから、ご覧になった読者もいらっしゃるかもしれない。

作詩大賞は演歌・歌謡曲限定の賞。R&B畑の自分にはずっと縁遠く、今回の初ノミネートにもどこか呑気なお客さん気分だったのは否定できない。だが義に厚い天童さんには、望郷の詞を書き下ろしたぼくに恩返しすべく、作詞家へ授与されるこの賞を絶対獲らせてあげたいという強固な信念があった。生本番の鬼気迫る熱唱でぼくは彼女の思いに初めて気づき、身震いすることになる。過ぎた呑気も困りものというオハナシです。

受賞後は、近年記憶にないほど沢山のお祝いの言葉をいただいた。じつにありがたいことである。あらためて作詞に思いをめぐらせる絶好の機会ともなった。

ところで、先ほどから「作詞」と「作詩」の二つを混在させて書いているのに気づいているだろうか。ふだんぼくが「作詩」を使うことはまずない。詞と詩は似て非なると信じて歌詞を作ってきた。ほとんどの人たちの認識も同様ではないか。なぜなら、手元に届いた祝辞には9割の高確率で「作詞大賞おめでとうございます」と記されていたから。

それなのに、この賞の正式表記は「日本作詩大賞」、主催団体は1965年の設立以来「日本作詩家協会」とくるから話はややこしい。さらに言えば、公式ホームページには「作詞家への道」というコーナーもあり、協会も二通りの表記を容認していることがわかる。

ぼくの考えは英語を使うとわかりやすく説明できる。詩はpoem、詞はlyrics。ほら、別物でしょう。詩を小説にたとえるなら、詞は戯曲。劇作家が役者の演技の余地を残しながら戯曲を書くように、現代の作詞家は歌声とバックトラック（伴奏）のためのスペースをあらかじめ確保して詞を作る。豊かな情報量の声をもつ歌手にとって、完全な言葉の束は完璧を意味しないどころか、時として情報過多のお粗末な詞となる。つまり「ほどよい不完全さ」をあえて残しておくのが作詞のむずかしさであり、おもしろみでもある。ぼくは体験的にそう感じている。

巡りあわせというべきか、今週は詩と歌の関係についてたいへん自覚的な詩人の吉増剛造さんと公開対談する予定だ。これは1939年生まれの吉増さんが、実験映画の世界的巨匠にして盟友の故ジョナス・メカスの足跡をたどる新作ドキュメンタリー『眩暈VERTIGO』の上映記念イベント。同作を撮った井上春生監督の『音符と昆布』（2008年）の音楽プロデュースを手がけた縁で、ぼくは今回パンフレットに寄稿したのだが、それに何かを感じたらしい吉増さんから対談相手に指名されたのである。
吉増剛造の恩恵にあずかっていない現代詩ファンはいない。だって現代詩という日本語の定義づけに関わった張本人なのだから。若き日に彼の『黄金詩篇』に感電したひとも少なくないはずだ。タイムマシンで三十数年前に戻り、文芸創作より音楽に淫するボンクラ文学部生のぼくに「吉増剛造が話したいってよ」と言ってもまず信じないだろう。あのころのぼくは、吉増さんが朗読パフォーマンスの第一人者でもあり、ジャズミュージシャンと共演が多いことまでは知らなかったから。いま訊きたいことは山ほどある。詩と詞を分かつ線も見えてくるだろうか。対談がたのしみだ。

２０２２年12月16日

映画『ホイットニー・ヒューストン』が描いた「不穏な領域」

２０１２年に48歳の若さで非業の死を遂げた天才女性歌手の人生を巧みに描いて話題の映画『ホイットニー・ヒューストン I WANNA DANCE WITH SOMEBODY』が、クリスマス・ウィークエンドの今週末に世界一斉公開される。全編で使用される歌声はすべてホイットニー本人と聞けば、『ボヘミアン・ラプソディ』を想起する方もいるのでは。じつは脚本のアンソニー・マクカーテンはまさに〈ボヘラプ〉を書いた人物なのだ。

ぼくはこの映画の字幕監修を務めた。主人公ホイットニーをはじめとする登場人物たちと直接会って仕事をした経験を見込まれてのご依頼。今回はかぎられた字数のなかで、作品のオモテとウラの魅力を語りたい。

63年生まれのホイットニーが世に出たのは85年のこと。大スター、ディオンヌ・ワーウィックの従妹である彼女のデビューは、業界の大立て者クライヴ・デイヴィスの肝入りだった。デイヴィスが経営するアリスタレコードには、ディオンヌに加えて女王アレサ・フランクリンも所属していたし、ホイットニーの母親はアレサのコーラス隊の中心メンバーという太い縁もあった。とはいえヒューストン家は裕福でもなく、両親の不和に起因する「ふしあわせな家」の記憶は生涯にわたりホイットニーを苦しめるのだが。

デビューから破竹の勢いで駆け抜け、永遠に破られることがないと思われていたビートルズの6曲連続全米首位の記録もあっさりと塗り替えたホイットニー。その歌声には、たんに「歌がうまい」を超えて「きっと歌のうまさってこういうことだよね」と新基準を更新していくような凄みがあった。有史以来、黒人女性がひとりとして経験したことのなかった、人種や民族を越境するほどの巨大な成功を彼女は摑んだのである。

92年の暮れ（あれから何と30年！）には、初主演映画『ボディガード』が公開され、主題歌とあわせて世界的な成功を収めたことも忘れがたい。同年には彼女と伍するほどの大スターだったボビー・ブラウンと結婚、翌93年には女児を出産して母親になった。天才ホイットニーの前ではこの世に不可能はない、と思えるほど。長嶋有の名作を引用して「猛スピードで母は」と表現したくなる完璧なキャリア構築には、策士クライヴ・デイヴィスの確かな采配の存在を痛感したものだし、どこか生き急ぐ印象さえ感じられた。

天才シンガーのキャリアの始まりから不幸な最期までを2時間半で。この難題に見事に応えたのは、俊英ケイシー・レモンズ監督。ホイットニーと同じアメリカ黒人女性だ。主人公がどんなに光り輝いていた時代の場面であっても、そこに不穏さを細かく描きこむことに監督は余念がない。ずっと秘匿してきた薬物常用や同性愛のパートナーの存在からも、けっして目を背けない。超高音のイメージが強いホイットニーの歌声には、じつは豊かな低音成分も含まれているように、この映画にはきらびやかさと共に不穏さがずっとある。黒人女性ホイットニーが戦いつづけてきた人種差別や家父長制への怒り。もちろん同胞、盟友としての監督からホイットニーへの共感でもあるだろう。

40代以上の日本人にとって、ホイットニーはキラキラとしたイメージではないか。聴いていた自分の若さ、この国の好景気も重なり、ひたすら楽しい記憶となっているかもしれない。だが人が至上の楽しさを感じるとき、その裏側には〈楽しさをつくる人〉がいる。そちら側の人はどんな表情をしているか、知る瞬間はきまって遅れてやってくる。サンタはいつも生き急ぐ。必見の一本である。

2022年12月23日

ジャズと小説と映画の魅力を教えてくれた父の他界と、ぼくの55歳の誕生日

年が明け、2023年1月4日、55歳になった。

55歳。昭和のサラリーマンとその家族にとっては、今なお特別な意味を持つ年齢ではないか。当時日本の多くの企業の定年は55歳だった。大げさにいうなら、55歳は「新米おじいさんの誕生」を意味した。

転勤族のサラリーマンを父に持つ筆者もそう信じてきたひとり。小学校に上がるころから、父はひとり息子のぼくに「俺が定年退職するときお前はハタチ。運が良けりゃ定年後も嘱託《しょくたく》や再就職で給料は出る。でも当てにはできない。大学を卒業するころ、父さんは無職かもしれん。だからハタチまでにはしっかりと人生の進路を決めるように」とよく話して聞かせた。ぼくが学生ライターとして初めて原稿料を手にしたのは、まさに20歳のときだった。それは「ハタチまでには人生の進路を」のつよい呪縛の産物だったのではと、今になって思うことがある。

昭和61（1986）年の高年齢者雇用安定法改正で60歳定年の努力義務化が図られ、父やぼくの心配は杞憂となった。もっとも、学業は二の次で音楽関係の仕事にのめり込んだぼくは、26歳で大学を卒業するころは日銭稼ぎに奔走する羽目になっていたから、息子に堅実な人生を望んだ父の思惑とも懸念ともかけ離れてしまったのだが。2025年4月からはすべての企業で希望者に対する65歳定年制が義務化されると聞く。時代の流れを感じずにはいられない。

ロシアがウクライナ侵攻を開始した昨年は、54歳のぼくの気の休まることがない一年でもあった。新しいことをいくつか始めたのだ。4月から福岡RKBラジオ『田畑竜介 GrooooowUp』に毎週生出演、時事性の高いことを忌憚なく話している。夏の参院選で山添拓候補の街宣に足を運んだら、ぼくを見つけた日本共産党の方が撮った山添さん（初対面でした）とのツーショットがネットに拡散した。隠すつもりもないから事後には関連取材も受けた。その余波で石破茂、小川淳也等の与野党議員と対話することに。田中康夫、中森明夫、島田雅彦という長年私淑してきた年長の作家の方々とのご縁ができたのも嬉しい出来事だった。そして9月、当コラムの連載がスタート。

本業の音楽についても手を休めないよう、2022年はこれまで以上に精力を注いだ。2010年スタートのNHK-FM「松尾潔のメロウな夜」は、先ごろ無事に放送500回を迎えた（鈴木雅之さんがお祝いに駆けつけてくれたのは嬉しかった）。2019年からの私塾的音楽イベント「松尾潔のメロウな夜間授業」は、コロナ禍による中断を幾度かはさみながらも5月にようやく最終講義を終えた。映画『ホイットニー・ヒューストン』の字幕監修、天童よしみさんへの詞提供、この国を代表する詩人・吉増剛造さんとの公開対談といった新しい挑戦には大きな手ごたえがあった。日刊ゲンダイの企画で実現した早見優さんとの40年越しの邂逅にも、何かの始まりを感じている。

こんなぼくに、長年にわたって付き合いのある知人たちは「最近やたら元気に仕事してませんか」と口をそろえて言う。先述した通り、幼少時から刷り込まれた「55歳定年制」のラストイヤーという意識が、令和の、しかもただの一日もサラリーマン経験がない54歳のぼくの頭にずっとあったのかもしれない。

10月、父が他界した。ジャズと小説と映画の魅力を教えてくれた陽気なひとが消えたのはたまらなくさびしいが、長寿と呼び得る89歳での旅立ちだからか、悲しみは不思議と静かだ。それとも遅れてやってくるものだろうか。そうか、いま自分は息子であることの定年を迎えたのか。55歳の誕生日に思った。

2023年1月6日

ときに大きすぎる犠牲を払いながら「なりゆき」を真摯に謳歌した荒木一郎

ぼくが音楽プロデューサーだと知ると「すごいですね。お仕事を始めたきっかけは何ですか」と訊ねる人は多い。まだキャリアが浅いころは、その都度真に受けて自分の来歴を丁寧かつ詳細に答えていた。でもこの種の話題で、マジメは総じてウケが悪い。何度も辛酸を舐めてたどり着いたのが「なりゆきですね」というシンプルな回答。3割はオトボケにしても、残りの7割は本音である。

だが、そんな軽いやりとりも当分は自重することになりそうだ。この国のシンガーソングライターの嚆矢にして個性派俳優・荒木一郎の自伝的青春小説『空に星があるように』（小学館）を読んで、自らの人生を「なりゆき」と語って許されるのはこれほどの天才にかぎられるとつよく思ったからだ。

1944年生まれの荒木は、つい先ごろ79歳の誕生日（1月8日）を迎えたばかり。小説は16歳から25歳まで、つまり1960年から69年までを描く。小林信彦の名著に倣っていえば、ずばり「60年代日記」。若き日の大島渚（小説にも本人が登場）にも影響を与えた文芸評論家の菊池章一を父に、多数の母親役で知られた名女優の荒木道子を母にもつ著者である。登場人物も華やかそのもの。吉永小百合、岩下志麻、十朱幸代、大原麗子……誰もが知る美女たちとの交遊が、淡々とした筆致で、だが生き生きと綴られる。

カメラやマイクに向かってではなく、ましてや取材目的でもなく交わされる言葉たち。そこには人間がいる。スターという名の甲冑《かっちゅう》を外した素直な若者たちが。ドラマ『塚原卜伝』の撮影時、衣裳の重さに閉口した著者が「それにしても、鎧は重すぎる。軽く作って芝居をやりやすくすれば、誰もがもっと良い芝居が出来るのに」と思う場面は象徴的にして秀逸だ。

音楽と演技のみならず、ラジオＤＪ、マジック、芸能事務所経営とマルチな才能で知られる荒木だが、その表現活動は自発的とは言いきれず、周囲に求められた結果であることを本人はくり返し強調する。必死の奮闘ぶりを秘匿したい東京人ならではの含羞かと勘繰りたくもなるが、事はそう簡単ではない。自分の作る歌を「誰かの人生のためのバックミュージック」と位置づけてきた荒木は、ビジネスを意識して初めて売るために「ブルー・レター」を作ったことを自ら「犯罪的な行為」と断じる。たとえ自発的ではなくとも、芸術表現に対しての態度はマジメを通り越してピューリタン的でさえあるのだ。

60年代の終わりに生まれた自分には、トップスター荒木一郎の記憶はほとんどない。桃井かおり・緒形拳・八千草薫というキャストが魅力的だったドラマ『ちょっとマイウェイ』（79〜80年）の主題歌「夜明けのマイウェイ」の作者、それが最初の接点。当時桃井のマネージャーでもあったことや、それ以前にマスコミを賑わせた醜聞の数々は後になって知った。

じつはぼくは著者と同じ映画に出演したことがある。大鶴義丹監督の95年作品『となりのボブ・マーリィ』がそれで、やや唐突に荒木の手品シーンが挿入されていた。30年近く経った現在、あれも誰かに求められてのものだったかとようやく合点がいった。

この稀有な私小説は、異性にモテることに大きな価値があった時代、そして多岐にわたる才能がカネを生む曲芸を意味した時代への挽歌だ。ぼくはハリウッドの風雲児ロバート・エヴァンズの自伝『くたばれ！ハリウッド』（文春文庫）を思いだした。エヴァンズ同様、荒木一郎もときに大きすぎる犠牲を払いながら「なりゆき」を真摯に謳歌してきたのである。

２０２３年１月13日

われらが世代のヒーローだった高橋幸宏の死

スタジオジブリ発行の小冊子『熱風』をご存じだろうか。その最新号（２０２３年１月号）で、ぼくはジャーナリスト青木理の連載対談「日本人と戦後70年」に招かれた。ぼくより一学年上の青木さんは、対談が始まるや自分がポップミュージックに疎いことを告白。ふたりの接点を見出すのは困難かと思われたが、意外や共通の原体験はあっさり見つかった。

それはふたつあった。本多勝一の著作と、イエロー・マジック・オーケストラ（YMO）の音楽。ただ「本多勝一世代」と呼ばれると、今ぼくは正直いささかの抵抗を覚える。一方「YMO世代」という呼び名には、青木さんもぼくも否定する理由がない。まるで毛細血管のように人生の微細な場所にまで入り込むのが、ポップミュージックのレゾンデートル。あるいはこれが同世代ということか。

『熱風』が発行された翌日の1月11日、YMOのドラマー高橋幸宏さんが逝去された。享年70。同じ音楽業界にいても個人的な付き合いはまったくなかったが、喪失感は日ごと大きくなるばかり。われらが世代のヒーローだったことを痛感している。

ユキヒロさん（と普段通り呼ばせていただく）はいくつかのバンドやユニット、またソロ活動でも知られたが、名声を決定づけたのはやはり細野晴臣、坂本龍一とのYMOだろう。1980年、米国の人気テレビ番組『ソウルトレイン』に日本人として初出演したYMOが披露した「タイトゥン・アップ」に顕著だが、彼のドラムと細野さんのベースが生みだす強力なグルーブは、この国のポップミュージックのひとつの頂点だった。90年代、当時NHK-BSで放映していた同番組に関わっていたぼくは、LAでの収録に何回か足を運んだ。スタジオで現地の古参スタッフから「YMOは今どうしてる？」と訊かれるたび、どこか誇らしく感じたものだ。

ところで、大抵ステージ後方に配置されるドラムという楽器の特性もあり、「顔が売れたドラマー」は案外少ない。お茶の間でユキヒロさんほど愛されたドラマーはＹＯＳＨＩＫＩくらいではないか。ＹＯＳＨＩＫＩさんの人気の理由にピアノの技量や容姿の美しさも挙げられるように、ユキヒロさんもまた多様な魅力で知られた。ＹＭＯの大ヒット「君に、胸キュン。」（１９８３年）等でのボーカルもそのひとつだが、高橋幸宏といえば何といっても「オシャレ」。40年以上も前にファッションデザイナーとしても高い評価を受けた稀少なミュージシャンだった。

初期ＹＭＯのトレードマーク「赤い人民服」も彼のデザイン。実はあれは人民服ではなく明治時代の日本のスキー服がモチーフだったと、後年本人が明かした。ＹＭＯが登場したころ、欧米からは日本も中国も一緒くたに混同されがちだったが、ＹＭＯはそれに抗わずあえて誤解に乗ったのである。バンド設立時にリーダー細野が考えた戦略は、西洋人が抱く類型的な東洋イメージを能動的に演じながら、アジア、アフリカ、南米などのエキゾチックな音楽をエレクトリックディスコ調に表現すること。だから人民服という誤解への「乗っかり」も故意犯だった。

後半生のトレードマークだったハット姿に象徴されるように「高橋幸宏＝オシャレ」の図式はわかりやすく浸透していた。だが彼の「オシャレ」には、遠くから見れば無地でも、近くで確かめると細かい縞が織り込まれた生地のような複雑さがあった。ＹＭＯの実質的な活動期間は、78年の結成から83年の「散開」までのわずか５年に過ぎない。ユキヒロさんの好きな言葉のひとつは「人生、夕方からしかわからない」だったという。

2023年1月20日

さらば週刊朝日、最終号まで買ってやるからな

この国で最長の歴史を誇る総合週刊誌週刊朝日が2023年5月末に休刊する。ネットの大波の前についに力尽きたといえば話はそこで終わる。週刊誌ジャーナリズムの〈終わりのはじまり〉という見方もあろう。だが2022年の創刊100周年キャンペーンもまだ記憶に新しいタイミングでの発表に、さまざまな困惑や憶測が飛び交うのも無理はない。

何しろ100年続いた週刊誌である。逸話には事欠かない。国民的作家の松本清張も、初めての小説は週刊朝日の懸賞「百万人の小説」入賞作品『西郷札』(1951年)だった。のちに清張は同誌を「作家としての私の生みの親」とまで言っている。小説、エッセイ、対談と形式を問わず連載が強力なことでもよく知られ、司馬遼太郎『街道をゆく』、池波正太郎『真田太平記』、村上春樹『週刊村上朝日堂』、ナンシー関『小耳にはさもう』などがここから生まれた。海音寺潮五郎『天と地と』のように大河ドラマの原作になった例もあった。

週刊朝日を宅配購読する家で育ったぼくは、物心ついたころから半世紀にわたって読んでき

た。進学で実家を離れたときと海外での仕事が忙しくなったときだけは少し距離が生まれたが、そのたびにヨリが戻った。読む習慣とはおそろしいものである。清張が作品を応募した懸賞のタイトルに冠された「百万人」は希望的数値だったが、54年には発行部数100万部を達成。ついには1958年新年号で週刊誌史上最高となる153万9500部という驚異的部数を叩き出した。だが2022年12月の平均発行部数は7万4125部とくれば、続ける理由を探すのも大変だったことは想像に難くない。

87年に始まった東海林さだお『あれも食いたいこれも食いたい』が現在も連載中なのは特筆に値するが、没して四半世紀以上の司馬遼太郎を回顧する連載が続くのはもっと凄いことかも……とここまで書いて、長寿連載の凄さを語るならそりゃあ日刊ゲンダイの五木寛之さんの連載『流されゆく日々』に尽きると思い当たったわけだが。こちらは75年にスタート、2008年には世界最長コラムとしてギネス認定ときた。長寿連載という属人的営みこそは逐次刊行物の肝ということか。

対して、93年7月からわずか2年という短い期間ながらも、笑いについて率直に綴ったエッセイが大評判をとったのが松本人志。ナンシー関の隣のページ。いま考えてもあれは無敵の並びだったなぁ。編集部にファクスで届く松ちゃんの手書き原稿とイラストは、一度も締め切りに遅れなかったそうだ。この連載は2冊の本（『遺書』『松本』）に結実し、合計400万部超を売り上げた。松本とナンシーの異色対談が実現したのも流石だったし、あのころはまだ元気でしたね週刊朝日も。

新聞社が週刊誌を手がけるうえでの強みはいくつかあるが、売り方に関していえば、何といっても販売店の宅配システムだろう。朝日新聞の「ついでに」週刊朝日やAERAを取らせるというビジネスモデルが有効な時代が確かにあった。もちろん新聞社（その子会社でも）ゆえの規制もあって、週刊ポストや週刊現代のようなヌードグラビアはNG。ドーピング行為とみなされているようだ。ではドーピングの類は一切やらないかといえば、学歴社会を助長するとの批判に目をつむりながらでも、ライバル誌サンデー毎日と競うように高校別の東大・京大合格者数ランキングを掲載してきたのだが。ヌード載せないから守れる誇りって何だろね。ポストや現代とちがって、空の旅の機内サービスによく登場したのはそのおかげだと聞いたことはあるけれど。

ところで、これまでいくつもの週刊誌で連載したり取材を受けたりしてきたぼくだが、週刊朝日からはただの一度だってアプローチがなかった。半世紀も愛読してきたのに。そんなお寂しいネットワーク力だからダメだったんじゃないのか。これくらいの厭味は言わせてほしい。半世紀も愛読してきたぼくなりのメロウな挽歌である。最終号まで買ってやるからな。

2023年1月27日

長年のファンほど真剣に在りし日の幻影を追ってしまうものらしい

大人の渋谷のシンボルとも言われた東急百貨店本店が、２０２３年１月31日に閉店した。ぼくは１９６７年11月オープンの同店と「同級生」。数軒隣のビルに自社オフィスを構えていたこともあり、同店にはただならぬ愛着心を抱いてきたひとりだ。だが閉店を惜しむ声も、建物の老朽化と渋谷の再開発が重なる現実の前には届かなかった。

跡地には高さ１６４メートル、地上36階の複合施設が建設されるという。ひゃあー、そりゃ渋谷の景観も変わるわ。目に焼きついた景色が失われていくのを見るのはつらい。新しい建物はそりゃあすばらしいだろうが、当分は東急本店の幻影を追ってしまうのではないだろうか。

閉店前の最後の週末、ぼくは同店に隣接する複合文化施設Bunkamuraにいた。百貨店につづいて4月から長期休館するBunkamuraだが、音楽や舞踊の公演がメインのオーチャードホールだけは、日曜・祝日を中心に営業を継続するそうだ。その日はホイットニー・ヒューストンのホログラムコンサートが催されたので、久保田利伸さんを誘って足を運んだというわけである。

特殊なスクリーン上にアーティストの立体映像を表示して楽しむのがホログラムコンサー

ト。歌声は本人のものを使う。フィルム上映とは違い三次元の立体感があるのだとか。亡くなったアーティストを目の前に蘇らせるのも可能となり、これまでバディ・ホリー、ロイ・オービソン、フランク・ザッパといった鬼籍に入って久しいロックレジェンドたちが、この手法で蘇った。2015年にはX JAPANのhide（1998年他界）の「ホログラフィックライブ」があったが、日本でホログラムといえば何といってもK-POP。主たる理由は、アーティストが徴兵で活動休止中の出し物として重宝されるから。エンターテインメントにはつねに実社会が反映され、ときに昇華するのだ。

可能性を秘めたホログラムコンサートだが、エンタメとしての完成度については賛否両論がある。もちろん、死者を蘇らせることについても、だ。ぼくと久保田さんはこの種の試みには懐疑的なタイプだが、今回出向いたのは、昨年末に映画『ホイットニー・ヒューストン』で魅力を再認識した彼女に再会したい思いが勝ったからだ。YouTubeで公開されているラスベガス公演の動画が上出来で、その真相を確かめたい気持ちもあった。

生バンドの演奏が始まってまず登場したのは、日本に帰化した米国出身の黒人シンガー、クリス・ハート。達者な日本語で知られる彼だが、英語でカバーするホイットニー楽曲もなかなか。それにしても、生身の歌手がヴァーチャルのスターの前座というのは奇妙なねじれである。哲学的といえば大げさか。クリスが退場後、ダンサー4名（いずれも生身）に煽られて、ついにホイットニー様降臨。思わず久保田さんと身を乗り出す。あれ、ちっちゃいな。でも似てる。当たり前か。いや、当たり前とはまた違うぞ……ふたりとも思考は早くも混乱気味。はて、バグったか。

ヴァーチャル・ホイットニーの歌はアンコール（！）含めて1時間あまり続いた。使用された歌声は99年あたりのものか。目も当てられぬひどさだった2010年の最終来日公演を観た者としては、悪夢をあざやかに塗り替えてくれる歌唱ではあった。だがナオミ・アッキー演じる映画版ホイットニー（こちらも本人の歌声を使用）より感情移入できたかといえば、即答するのは難しい。長年のファンほど真剣に在りし日の幻影を追ってしまうものらしい。百貨店も、スターも。

ヒットがいつ出るかなんて誰にもわからない。デビューしてずいぶん経ち、声の鳴りもピークを越えてから名曲が生まれることもある。それは重々承知しつつ、でも痛感したのは、ちゃんと声が出るうちにきちんと録音しておくのがどれだけ大切か。終演後ぼくがそう言ったら、久保田利伸は微苦笑を浮かべた。「オレもずっとそう考えながら観てたよ」

夜の渋谷に冷たい雨が降りはじめた。

２０２３年２月３日

生きるためには政治が必要だが、生き心地を確かめるには文学が役に立つ

金融緩和策をとってきた日銀の黒田総裁の任期が4月8日に満了する。翌9日と23日は統一地方選挙。首相は国民負担増を想起させるワードの使用を控えることに余念がない。財務省と政権が防衛費の財源確保のために全面増税の機会を窺っているのは明らかなんだけどね。NGワードの最たるものは「増税」。だが国民の目をそらそうと少子化対策を話しても、同性婚を語っても、舌禍は続くよどこまでも。何かを隠す目的ありきで時間を埋めるためだけに発した言葉には、どう隠しても本音が露見するからだ。げに恐ろしきは言葉かな。

言葉には、話し言葉と書き言葉がある。前者は概して正確な伝達よりも円滑なコミュニケーションを主目的とする。それゆえ柔らかさを重んじるし、聞き手の警戒心を解くために平易でくだけた表現を優先する場合も多い。もちろんスピードや声のトーンといった要素も無視できない。話し言葉と書き言葉、ふたつの架け橋となるのが朗読。たとえ黙読を前提として書かれた文章であっても、語りのプロが朗読すれば、描かれた情景は見事に立ちあがってくる。

クルマ通勤が主流の米国を筆頭に欧州や中国ではオーディオブック市場が活況を呈している。それほどまでには盛り上がっていない日本でも、聴き放題サービスの広告を目にする機会

が増えてきた。日本能率協会総合研究所の予測によれば、２０２０年には１００億円に満たなかった市場規模が24年には２６０億円に達する見込み。ぼく自身この2年ほど移動時や就寝前によく利用しているので、朗読の効果は日々体感している。

だから昨年末に3回目の訪問となった新宿のバー「風花」で、同店常連の中森明夫さんと島田雅彦さんから朗読会出演を請われたぼくは、ふたつ返事でお受けしたのだった。出演の条件はただひとつ〈自作を読む〉。語りのプロではなく、書き言葉の主が自ら文章を読みあげたとき、そこに現れる（のか？）情景のかたちに興味があった。

風花朗読会は２０００年秋に作家の古井由吉が始めたもの。本人が毎回ホストと前座を務め、一人あるいは二人の作家のゲストが自作を読んで語り合う催しは10年以上も続いたという。日本で新型コロナウイルス感染症が確認された翌月の20年2月、古井さんは82歳で亡くなった。今回の朗読会は、感染状況はある程度落ち着いたという判断のもと、進行を文芸誌『新潮』編集長の矢野優さん、ホストを島田・中森両氏が分担する形で再開した第一回。中森さんの新作小説『ＴＲＹ48』（新潮社）の出版直後という絶好のタイミングでもあった。

満員御礼のなか、島田さんが登場。やや粘性の高い、だがズドンとした量感もある声で、古井の言葉も引用しつつ追悼文を読みあげる。いつも談論風発で騒がしい風花が一瞬にして静謐な図書館に。島田さんからマイクを受けたぼくは、詩人の田村隆一さんとの邂逅を綴ったエッセイ、天童よしみさんに提供した歌詞「帰郷」、そして当コラムから自選2本を朗読。「帰郷」

に目を潤ませるお客さんが視界に入って、あやうくもらい泣きしそうになったのは、自作朗読会ならでは、かも。

このあとはいよいよ中森さんです……とぼくが言いかけたところでサプライズ。鈴木涼美さんのご登場。芥川賞候補作『グレイスレス』から、ご実家の様子を仔細に描いた場面を朗読。これはすばらしかった。数日経ったいまでも「脚立《きゃたつ》」の響きがちくりと痛みを伴って耳に残るほどだ。そして中森さん。新作は、もし生きていたら85歳の寺山修司がアイドルグループをプロデュースするという奇想を熱い筆致で描く快著。それをときに寺山を思わせる青森風イントネーション（本人曰く「特訓した」）を交えて読みあげるのだ。ねじれた時空に身を置いたような奇妙な感覚を十分に愉しませてもらったのだった。

生きるためには政治が必要だが、生き心地を確かめるには文学が役に立つ。書き言葉を話す時間を通して、そう確信した風花朗読会の夜だった。

2023年2月10日

寺山修司が憑依した『TRY48』は昭和へのレクイエムでもある

前回、新宿のバー「風花」で催された朗読会の模様を報告したところ、望外の反響をいただいた。出演者のひとりとして、たいへんありがたいことである。その会を島田雅彦さんと共に数年ぶりに復活させた中森明夫さんの新刊『ＴＲＹ48』を取りあげてみたい。

同書は、１９８３（昭和58）年に47歳で亡くなった歌人にして劇作家の寺山修司が、もし現在も存命で女性アイドルグループをプロデュースしたら……というパラレルワールドをリズミックな筆致で描いた小説。どれくらい「パラレル」かといえば、寺山だけでなく三島由紀夫も存命中という仰天の設定。ただ当然ながら実世界そのままの部分を意図的に残してもいるわけで、読者としては油断がならない。

ぼくも著者の饒舌な文体に翻弄されて正気を奪われたまま、でも夢中になってページをめくった。自分が迷路に入り込んでしまっているとふと気づき、大いに狼狽した瞬間もあった。このパニック状態こそが読書の大きな愉しみであることを知る人は多いはずだ。

虚実ないまぜというのだろうか、事実と妄想が織りなすまだら模様こそは、著者の企みと筆力の見せどころ。物語終盤、それぞれ80代後半と90代後半の寺山と三島は対談を行い、丁々発止のやりとりを展開する。一部を以下引用しよう。

寺山「中上（健次）は46歳で亡くなったんですね。僕が47歳、三島さんが45歳で死に損ったのに」

三島「ああ、そうか、小説はともかく……人間としては、ほら、大江くんなんかよりよっぽど面白い奴だったけどなあ」

実際に寺山が亡くなったのは1983年の5月だが、同年7月にデビュー作『優しいサヨクのための嬉遊曲』で初めて芥川賞候補に挙がり、惜しくも落選した島田雅彦についてはこんな具合。

司会の文芸誌編集長「三島先生は、島田雅彦という作家をご存じですか?」「芥川賞を受賞しました。22歳。当時の最年少受賞者ですね。受賞発表の夜にパーティーの二次会の後、呑み屋の階段から転げ落ちて、頭を強く打って死にました」

三島「そりゃあ、うらやましいな。ボクもね、『花ざかりの森』を一冊だけ残して、二十歳で戦争で死んでいたら、日本のレイモン・ラディゲになれたんだが。せめて70年の市ヶ谷で死にきれていたら……。ご覧のとおり、今や花ざかりからはるか遠く、老残の枯木だよ、ワッハッハッハッハッ」

「おたく」という言葉を広く浸透させたことで有名な中森明夫は、よく紹介されるように「コラムニスト兼アイドル評論家」であるのは間違いない。が、ぼくにとっては何よりアフォリズムの名手だ。現代屈指といってもいい。寺山修司と最も近い資質はそこにあるのではないか。『TRY48』にも寺山の引用か著者のオリジナルなのか判別しがたいフレーズがこれでもかと詰まっており、それもまたこの小説の大きな魅力になっている。

著者自身も寺山との資質の近さに自覚的で、最近は取材やイベントの場で寺山になりきっている。あるいは寺山が憑依している。寺山もどきの青森風イントネーションで話し、サインを求められれば寺山修司とペンを走らせる徹底ぶり。「代筆・中森明夫」と書き添える諧謔精神も痛快の極み。

著者が寺山や三島を敬愛しているのは間違いないが、それ以上に愛しているものがあるとしたら、彼らが生き抜いた昭和という時代だろう。「平成とは昭和の余韻にすぎない」はなかにし礼の名言だが、青森育ちという共通項をもつ三つ年上の寺山は「昭和は明治を模倣し、反復している」とうそぶく。令和に『TRY48』を読むぼくには、いずれもが中森明夫の発言のように感じられる。その意味においてこの小説は父親殺しの書であり、昭和へのレクイエムでもあるのだ。それを裏づけるように、消えゆく寺山は言ってのける。

「実際に起こらなかったことも……歴史のうちである!!」

2023年2月17日

ポップミュージックはつねに弱者の側に立つ

CHEMISTRY×Da-iCE「スパロウズ」の配信が始まった。3月8日にはCDが発売される。今回はこの異世代コラボをプロデューサーであるぼくの立場からお話ししたい。

CHEMISTRYはご説明の必要はないかな。オーディション番組『ASAYAN』で約2万人の参加者から選ばれた川畑要（44歳）と堂珍嘉邦（44歳）のデュオ。2001年の初アルバムは300万枚を売り上げ、男性アーティストのデビューアルバムとして歴代1位を記録。翌年にはサッカーW杯日韓大会開会式で、小泉純一郎、金大中という両国の為政者を前に公式テーマ曲を歌った。2012年から約5年間それぞれソロ活動に専念した後、2017年にデュオを再始動。ぼくはオーディションから関わってアルバムを2枚プロデュース、そして再始動のタイミングでふたりと再合流した。

2021年に「CITRUS」で第63回日本レコード大賞を受賞したDa-iCE（ダイス）は、5人組のダンス&ボーカルグループ。結成は2011年。その実力で熱心なファンを獲得していたが、人気は「CITRUS」で一気に拡大した。大野雄大（33歳）と花村想太（32歳）のツインボーカルがとにかく強力。声域4オクターブの主である花村はミュージカルの世界での活躍も著しく、2022年は文化庁芸術祭新人賞を受賞した。また楽曲制作にも関わるリーダーの工藤大輝（35歳）は多芸多才で知られ、実際ぼくが2021年Da-iCEと初めて接点を持ったのも工藤がMCを担当するTBSラジオの番組だった。

初対面の場で工藤は「あの頃の日本語R&B」への偏愛を熱く語った。3分も話せば、彼がぼくの手がけてきた音楽を上っ面ではなく深いところで理解しているのがわかった。プロデューサーは普段ファンの声が届きにくい場所にいる。20年も前の仕事を、しかも今やスターとなった「ファン」から褒めそやされる。何ともこそばゆかった。

それからテレビやライブでの共演を重ねて距離を縮めてきた両グループだったが、ついにオリジナル楽曲を作ることに。Da-iCEからお気に入りとして挙がったのがCHEMISTRY初期のヒット「You Go Your Way」。プロデュースと作詞（当時はペンネームを使っていたが）を手がけたぼくにとっても思い入れのある曲だ。フリーター世代の代表として20代前半でデビューした川畑と堂珍が、40代50代になっても歌い続けるには楽曲の汎用性を高める必要がある。そう考えたぼくが、歌詞の二人称をそれまでの「キミ」から「あなた」に変えた初めての曲でもあった。ならば、続編を作ろう。不器用に恋を終わらせた主人公ふたりの今を。失った夢のカケラを丹念に拾い集めて、新しい紋様を編みだすのだ。ポップスの世界では稀だが今回は歌詞に二つの時間軸を共存させたい。もちろん音楽的には「You Go」のツボを含む必要がある。まずは同曲を作曲した豊島吉宏さんに22年ぶりの登板を呼びかけた。

直感でここまでたどり着けば、その先は先達の知恵を仰ぎ見ながら慎重に完成を目指す。これがぼくのスタイルだ。あと忘れてはいけないのが、ポップミュージックはつねに弱者の側に立つという信条。歌詞設定にあたっては、与謝蕪村の名句「夕立や 草葉をつかむ むら雀」に想を得た。社会の弱者たる主人公ふたりを二羽の雀（スパロウ）にたとえるのは、令和の世にあっても有効なはず。「一羽の雀」という有名なゴスペル曲もあるではないか。煩雑になりかねない時間軸の共存については、ミシェル・フーコーの名著『知の考古学』にある「言表が帰属する現在とは別の現在」という考え方を大いに参照し、「あったかもしれないもう一つの人生」という副軸を作ることで着地した。
蕪村とフーコーが幸福な邂逅を遂げるというアイディアは、いささか突飛でドン・キホーテ的かもしれない。だがそんな奇想の受け皿にもなるのがポップミュージックだし、奇想にリアリティを吹き込むのは優れたシンガーだけに許された特権だ。ぜひ実際に聴いて確かめていただきたい。

2023年3月3日

第5章

ジャニーズ問題と日本社会の「眠度」

近田春夫×田中康夫×松尾潔

© 時事通信社

近田春夫 ちかだ・はるお
１９５１年生まれ。音楽家。ロック、歌謡曲、シティポップ、パンク、テクノ、ラップ……多様な音楽を横断し、斬新な表現を時代に発してきた。アルバムに『超冗談だから』ほか多数。著書に『考えるヒット』シリーズ、『調子悪くてあたりまえ』ほか多数。

田中康夫 たなか・やすお
１９５６年生まれ。作家。元長野県知事。文学と政治、いずれにおいても人間の社会参加の新しい姿を追求する。著書に『神戸震災日記』『33年後のなんとなく、クリスタル』ほか多数。https://tanakayasuo.me/

田中　２０２３年３月７日にＢＢＣ（英国放送協会）が「Predator : The Secret Scandal of J-Pop（邦題：Ｊ－ＰＯＰの捕食者　秘められたスキャンダル）」を放映。ジャニー喜多川こと喜多川擴の「性加害」は全世界に「性犯罪」として膾炙《かいしゃ》します。

　１ヵ月後の４月12日、ジャニーズ事務所の元所属タレントがＦＣＣＪ（日本外国特派員協会）で会見しますが、日本の「誤送船団」記者クラブメディアは黙殺。

　放映半年後の９月７日に、メリー喜多川こと藤島泰子の娘であるジュリー藤島こと藤島景子が4時間11分に亘《わた》って〝涙の社長辞任会見〟に臨むも、終了直後にホノルル豪遊の逃避行。860億円の巨額相続税を「事業承継税制」の特例措置で免れる目論見《もくろみ》での「代表取締役」居座りだと週刊文春に報じられ、今後も自縄自縛な弥縫《びほう》策が続く気配が濃厚です。

名連載「考えるヒット」を2020年まで24年間、週刊文春に寄稿し、「事務所の責任、放送局の対処は本来違う文脈なのにごちゃ混ぜ」「何故、いかなる理由があってジャニーズ事務所のいいなりになってしまったのか？　テレビ局が答えるべきはそこだ」と寸鉄《すんてつ》人を刺す指摘をSNS上で展開する近田春夫さん。

福岡のRKB毎日放送ラジオで5月段階から「この国全体で膿を出すべきフェーズだ」「メディア、音楽団体は共同声明を」と正鵠《せいこく》を得た提言を続け、それ故に喜多川・藤島一族と家族ぐるみの付き合いだった山下達郎・竹内まりやを看板に掲げる芸能事務所スマイルカンパニーから突如、マネージメント契約の中途終了を言い渡された松尾潔さん。

本日は「日本の宿痾」とも呼ぶべき「ジャニーズ問題」を三人で鼎談したく思います。

正義のない「義理人情」に説得力はない

近田　最近話題になったビッグモーターの事件だと、誰が悪いか、構造がわかりやすいでしょう。

それに比べてジャニーズ問題は、全体を一度整理してから話をしないと、混沌としている。情緒的な部分が意味を持ちすぎて、話が捻《ねじ》れていっちゃうと思うんだ。ま、慣習なので「さん」付けで呼びますが、亡くなったジャニーさんの犯罪が存在したことは事実ですよね。だけど「誰がよくて誰が悪いか？」と考えると、ジャニーさん以外の人については関係や距離感によって変わってくる。主犯のジャニーさんが死んでいるのも問題を複雑にしているよね。僕は、所属していたタレントには、誰一人罪はないと思う。ジャニーズに入ったときはみんな子どもでしょ。性加害が起きている事務所だなんてわからないよ。

田中　だからこそ21世紀に入って欧米で噴出しているカトリック教会の聖職者による児童への性的虐待と同根の重罪なんだ。

松尾　その前提となるのはジャニーズの特殊なシステムですね。僕の知る限り成人前にオーディションかスカウトで入ったタレントばかり。移籍して入ることは皆無。去る者には至難が待つことを国中が黙認してきた。家父長制の悪しき部分が凝縮された印象です。

「お前がここにいるのは、俺が見つけたからだ」と「義理人情」による締め付けが無言のうちに染み込んじゃう。

近田　そういう環境にグラデーション的に慣らされていったら、何かされても声を上げることなんて頭に浮かばない。これも通称で呼びますが第3代ジャニーズ事務所代表取締役社長となったヒガシ（東山紀之）やジャニーズアイランド代表取締役社長のイノッチ（井ノ原快彦）には就任以降の責任があると思う。

松尾　だからギリシア悲劇以来の話ですけど「父殺し」をやらなきゃならない。本来はジャニーズに所属しながら「性加害を受けた」と訴えてもいいはず。過去の数々の性的虐待と隠蔽工作が2017年に発覚して逮捕され現在も収監中のハリウッド元映画プロデューサーのハーヴェイ・ワインスタイン事件では、グウィネス・パルトロウとか主役クラスの人が告発。皆が続々と名乗り出てきました。

近田　誰かそういう人が一人でも出てきたら変わる。そこを後押しするのは実は、ジャニーズを支えてきたファンたちだと思う。

松尾　「ジャニーズ性加害問題当事者の会」は皆さん、辞めた人たちですよね。日本人って「文句言うなら辞めてから言え」と突き放すでしょ。「松尾はジャニーズ・ファミリーの事務所、スマイルカンパニーに世話になっていたのに藤島ジュリー景子を名指しで批判するなら、切られて当然」とかね。それは僕、おかしいと思う。なぜなら前提に社会正義を欠いているから。ジャニーズは関わった人間を義理人情で縛り付けるけど、その前提に正義がなければ説得力がない。そんな義理人情はビジネスの一蓮托生《いちれんたくしょう》でしかないと今、これだけ見せつけられているのに。

田中　大切な指摘です。

松尾　日本には見事に家父長制が浸透していて「毒親、ダメ親でも親は親なんだから、諦めなきゃ」というのが大前提になっている。

近田　「ジャニーさんがやったことは国際的に許されることでなく、一流企業ならそういう相手とは付き合わないのが常識だ」とか言われて、いろいろな企業が縁を切ろうとしているけど逆にそれは、これまで日本の企業の意識が低かったことのツケだと思う。

　で、企業側が「ジャニーズ事務所とは付き合えません」と言ったとすると、「タレントさんは仕事がなくなっちゃうから可哀想」って話になるでしょう。それ、僕は違うと思う。企業に縁を切られたら、事務所にいたタレントたちは「ジャニーズ事務所のせいで自分たちの仕事がなくなったんだから事務所が補償すべきだ」と強力な弁護士を立てて事務所に損害賠償請求すればいいんですよ。

田中　ジャニーズ事務所には今後も莫大《ばくだい》な著作権料が入るわけです。

近田　だから、被害者に対してケアすることと、いまいるタレントの食い扶持《ぶち》のことは別問題として整理しなきゃいけない。

ジャニーズ事務所は「皇室ですよ」

田中　「業界ムラ」が沈黙し続ける日本の空気の中で、至極当たり前の問題提起をなさった松尾さんに、ラジオでの発言を発端とするマネージメント契約解除までの経緯を改めてお話しいただけますか。

松尾　先ほど正義という言葉を口にしましたが、僕は特別正義感が強いわけでもない。ならず者も多いアメリカのR&Bやヒップホップが好きでこの世界に入ったので、清濁併せ呑みながら泥の中で美しい蓮の花を咲かせるのが芸能だとこれまで思ってきました。でもBBCの報道は実に衝撃的。なのに日本社会は無風でやり過ごそうとするのが気持ち悪かった。正義より生理で不快に感じ、発言しようと思い立ちました。

田中　1999年に週刊文春が14週に亘ってジャニー喜多川の「性加害」報道をした時はどうでしたか。

松尾　当時文春は購読していましたが、正直、ジャニー喜多川報道は真剣には読んでいなかったです。義憤的な気持ちが湧いたのは今年5月14日、ジュリー社長（当時）の僅《わず》か1分9秒の謝罪動画を観て「こんなふうにお茶を濁して終わりか」と思ったのです。翌朝にRKB毎日放送の朝の生ワイド番組「田畑竜介 Grooooow Up」に出演しました。東京の仕事場から毎週リモートでエンタメについて語るコーナーです。プロデューサーから「昨日の動画、どう思ったか語ってください」と請われ、語りました。その書き起こしが番組HPに出て、翌16日にYahoo!ニュースに転載され、全国的なニュースに。すると17日にスマイルカンパニー創業者の子息で現社長の小杉周水君から「会いたい」と連絡があり、18日に二人で会うと「メディアやSNSでジュリーさんやジャニーズ事務所の名前を出すのは良くないです。ご自分の発言力、影響力を考えてください」と。「え、口にしちゃいけないの？　なにそれ、皇室なの（笑）」と返したら一言、「皇室ですよ」と。

田中　ぎょぇぇぇえ〜！

松尾　「松尾ごときが頭が高い」と警告したかったのかもしれません。そして「辞めてもらうかもしれない」と。「今日は僕の判断でお話ししていますが、山下夫妻の意向も確認します」と言われ、翌々週に再び二人きりで会いました。すると、契約を中途終了したい意向を伝えたら「仕方ないよね」と山下夫妻は賛同している、と。「僕を事務所に誘ってくれた達郎さん、まりやさんもNGを出したんだ」と思い、ショックでした。弁護士と相談し、スマイルが強固に求める6月末での契約解除を呑み、7月1日にツイッター（現X）へ投稿しました。

末尾の「バイバイ！」だけが恣意的に切り取られもしましたが、これは当該ツイート全文を読めば明らかなように、事務所のスタッフへの挨拶。山下夫妻に宛てたわけではなかったのですが、義理人情がない松尾みたいな下衆《げす》に「バイバイ！」と言われるのかと一部の達郎ファンの誤解と怒りを招いたようです。

田中 拳を振り上げる硬直した人ではなく、常にしなやかな対応をしてきたのが松尾さんなのに、不毛な二項対立好きな旧来型の人はディスりたかったんだね。

松尾 僕が好きこのんで山下夫妻やスマイルを悪く言うはずがない。「ジュリー社長は記者会見を」「第三者委員会の設立を」といった建設的提言が目的なのに、契約解除の私怨《しえん》で物を言っていると決めつけて矮小化を図る人たちには閉口しました。結局その後、提言はほぼ全部実現しましたけど。

2004年時点で性加害を認識すべきだった

近田 うかがってみたいんですが、お二人はジャニーさんに直接会ったことはありますか？

田中 パーティーで見かけたことがあるくらいかな。

松尾 ないですね。打ち合わせでオフィスに行った時に、社長室を見せてもらった程度です。

近田 僕はナベプロの関係で日劇ウエスタンカーニバルに出たら、ジャニーズのタレントが出演していて、リハーサルのときにタレントにアドバイスするジャニーさんを見たのが最

松尾　初です。田原俊彦に「イン・ザ・プラネット」と「10代の傷跡」を作曲したとき、ジャニーさんとメリーさんがスタジオに訪ねてきた。

近田　その頃、いま問題になっていることは、伝わってこなかったんですか。

松尾　70年代に近田春夫&ハルヲフォンを組んでいた頃に、ファンでジャニーズの追っかけみたいな女の子がいて、そういう話を聞きましたが当時は、「学校にイタズラでちんちん触る先生がいる」といった軽いイメージ。社会一般もその程度の意識だったと思う。

近田　都市伝説みたいな感じだったわけですね。

ジャニーズ事務所って62年にジャニーズがデビューして、フォーリーブスが出て、郷ひろみが登場する。75年に郷ひろみがバーニングプロダクションに移籍してしまい、メインが豊川誕《じょう》になるんだけど、そこから80年代前半に「たのきんトリオ」が出てくるまでは氷河期だった。たのきんで勢いをつけて、グループがいろいろ出てくるけど、70年代後半は世間的にもジャニーさんのことってさほど話題になってなかったと思うんです。

田中　なるほど。で、『悪魔の館』合宿所で強いられる〝行為〟」と報じた週刊文春に名誉毀《き》損《そん》でジャニー喜多川が1億円の損害賠償を求めて99年に提訴。２００３年に東京高裁が報道の真実性を認め、２００４年2月24日に最高裁が上告を棄却し、ジャニーズ側の敗訴が確定します。

我々自身の自戒も込めて、この段階でジャニーズと付き合ってきた企業や組織は認識を改めるべきだった。新聞業界も放送業界も出版業界も広告業界も。

近田 当時、世間はそんなに興味を持たなかった。

田中 哀しい哉《かな》、それが日本の民度ならぬ「眠度」だったわけだ。官憲に逮捕された刑事事件でなく、文藝春秋側への損害賠償額も120万円ポッキリの民事事件じゃないかと。

近田 あの時代にSNSがあれば、みんな興味を持ったと思うのよ。問題は、性加害以前に放送局とジャニーズとの癒着があったところから始まる。音楽番組にジャニーズ以外のタレントをあまり出さないようにしているって、テレビを見てれば誰でもわかるわけ。なんでそうなっちゃったのか。もし放送局が強ければ、事務所から「ウチのタレント以外出すな」と言われたら、逆に出禁にするよね。それができなかった。

なぜテレビは何も言えなかったのか？

田中 僕が一目を置く日本経済新聞論説委員の石鍋仁美が9月17日付「文化時評」で「健全な競争の不在が被害を拡大した面はないか」と述べている。他の記者クラブメディアが音無しの構えだから、少し長く引用させて頂くよ。

「芸能事務所というビジネスモデルの先駆け、渡辺プロダクションの1強だった」19

71年に日本テレビで「はがきで応募した一般人が公開審査を経て芸能事務所などが獲得を競うまでを放映」する『スター誕生!』を「企画した作詞家、阿久悠は著書『夢を食った男たち』で『タレント供給の大部分を渡辺プロに依存する現状に、不自然さを感じ不満を抱くディレクターが大勢いた』と振り返る」。「舞台裏をガラス張りにしようと周囲に説き、合格者らは中小事務所に所属させテレビ局がきめ細かくケアした」。「切磋《せっさ》琢磨《たくま》は歌謡曲の黄金時代を築いた」。

近田　「ジャニーズ黄金時代」がいつから始まったのか。たのきんが出てきた頃、テレビ朝日の敷地に2階建てのプレハブみたいなジャニーズの練習場があったのよ。ジャニーさん自身が采配を振っていたけど、その頃はメディアにそんなに使われていなかったと思う。たのきんって一般オーディションでたまたま受かった人たちなんだから、事務所に力なんてなかったはずなのよ。

田中　テレ朝通り六本木材木町の旧局舎脇ですね。

近田　どうしていつの間にか力関係的にジャニーズが上になって、放送局側はなにも言えなくなってしまったのか。それが性加害問題がいままで放置されてきた背景にあると思います。

　マスコミって他の企業と違う責任を負っている。だって人の意見をコントロールできるわけだから。しかも、もっと自分たちのことを自分たちで見つめて語れるはずじゃな

田中　い。まだこの構造をみんなわかっていないと思うんだよ。
文藝春秋と宝島社、一時期までの主婦と生活社以外の出版社も軒並み誌面で破格の扱い。新聞社系の週刊朝日、サンデー毎日も表紙にジャニーズを使ってきた。奇《く》しくも今回の鼎談は最後の表紙掲載の贖罪《しょくざい》を兼ねた編集部の大英断と感謝した上で物申せば、「ジャニーズ取引ある企業にも責任」と社説で述べながら、２０２３年5月に週刊朝日廃刊後もＡＥＲＡの表紙に重用し続けた朝日新聞と朝日新聞出版の見識を疑う。
　思い返せば週刊朝日19年7月26日号は表紙に「追悼ジャニーさん、ありがとう！『ＹＯＵ、やっちゃいなよ』」と大書。ジャニーズ登場の歴代表紙をコラージュしたんだよ。

近田　この見出しは凄い。きちんと検証してほしい。

田中　しかも驚く勿《なか》れ、ジャニーズ敗訴確定時には週刊文春の辣腕《らつわん》記者だった女性が朝日新聞に転職して、19年当時の編集長。現在も築地の本社のネットワーク報道本部首都圏ニュースセンター勤務で昨年12月には17本もの記事を出稿するジャーナリストの鑑《かがみ》だ。是非とも長文の署名原稿を掲載して、洛陽《らくよう》の紙価《しか》を高めて頂きたい。

松尾　記者会見でもやもやしたのは、東山新社長がジャニー元社長の行為を「鬼畜の所業」と断罪したあとにジュリー代表が「姪《めい》の私が引き継ぎます」と「お気の毒な親族」ポジションをとって、情緒に訴えかける発言をしていたこと。これほど同族経営の弊害が指摘されてもなお「事業承継者の私」とは言わず「姪の私」と言い、「家の話」にする。

田中 「東山新社長もジュリーも井ノ原も見事な芝居」と作曲家服部良一の次男で7月15日に被害者として会見した俳優の服部吉次さんに皮肉られる始末。

近田 僕もその発言を読んでハッとしたけど、FTIコンサルティングという日本進出1年の米国系危機管理会社が入っていたにしては「芝居」になりきれていなくて、自分の言葉で語っていた気がしたんだよね。「この人たちって、こういう本音ね」ということがわかりやすく出ちゃった。

韓国芸能界から「業界近代化」を学ぶ

田中 Google日本法人代表を務めた辻野晃一郎が「ジャニーズに求められるのは『解体的出直し』ではなくて『解体』だ」と述べているけど同感だな。「解体的」では裁量行政の二の舞いだ。

松尾 ただ、国連や海外メディアが言っても聞かないのなら、誰が「解体せよ」とジャニーズに言い渡すのか。それにジャニーズみたいなエンタメのトップ企業が「はいはい、国際基準に合わせて動けばいいんでしょ」と渋々動いているのを周りが黙って見ている現況も、エンタメ全体の価値を著しく損なうと思う。日本音楽事業者協会、日本音楽制作者連盟、コンサートプロモーターズ協会、日本音楽出版社協会の「音楽4団体」は共同声明を出して然るべき。実はこれ、僕が5月にRKBで語った具体的な提言の中で、唯一まだ実現していないことです。

近田 日本では独断で物事を変えられるような大きな人間って、構造的にこれから出てこないと思う。だから、そのなかで我々はどうするのか。日本語の問題って大きいよね。物事を灰色にすることに長《た》けている。文化的には優れた言葉だと思うけど、生活する我々が問題をどう解決していくかってときに、白黒つけるのが難しくなる言語だ。

　とはいえファンのなかには「自分が応援してるタレントたちがどういう人であってほしいか」って意識をしっかり持っている人がいると思う。そういう人が、声を上げるのを「カッコいい」って思わせながら、少しずつ「コックリさん」的に目に見えない不思議な力で民意を変えていく。忖度とか斟酌《しんしゃく》とかをみんなが持っている日本社会で有効なのは「コックリさん」だと思うんだよ。主語的な意思で動くんじゃなくて、みんながなんとなくそっちに行くようにする。

松尾 実情は、強者になびくというより、少数派になることへの恐怖が肥大化しているんだと思うんですよ。

田中 お二人の見解に同意した上で、でも、決断しないが故に衰弱し続ける日本だからこそ「的確な認識・迅速な決断と行動・明確な責任」を引き受ける触媒役の創出が必要だよ。日本経団連会長の十倉雅和は9月19日の会見で「(ジャニーズ問題は) 時間を掛けて検討すべき」と述べて失笑を買っているけどね。

僕は、福島第一原子力発電所の事故直後に国会で、東京電力は日本国有鉄道清算事業団的な損害賠償と廃炉事業に特化する組織にして、新会社の関東電力を設立すべきと提言した。

「性犯罪の牙城だった」ジャニーズ事務所は解体し、莫大なる半永続的な著作権収入を原資に、今回の被害者に留まらず今後も芸能界で生起するであろうあらゆる「悲劇」に性別を問わず対応する「日本の宿痾・清算事業団」への衣替えを断行。他方で数多くの楽曲をジャニーズに提供してきた文化庁長官の都倉俊一が先頭に立ち、「中抜きビジネスの雄」たる日本最大の広告代理店電通が裏方を務め、前途有為なジャニーズ所属&退所タレントを救済すべく、フェアでオープンな「ドラフト会議」を開催する。

もうひとつは映画も音楽も世界市場で日本を凌駕《りょうが》する韓国の国会が15年11月30日に満場一致で成立させた「理由なく出演を阻止する不公正行為」を放送等26事業者に禁止する、松尾さんもプロデュースを手掛けた5人組の東方神起から独立した3人 (キム・ジュンス、パク・ユチョン、キム・ジェジュン) の頭文字を取った「JYJ法」と呼ばれる放送法改正に学んではどうかな。

大手芸能事務所から独立したBTSがインターネットで「テレビの壁」を軽々と乗り

越えた韓国芸能界の隆盛は、『スター誕生！』時代の阿久悠さんの回想と同様に「業界近代化」に役立つと思う。

松尾 この問題は日本社会に課せられた「棚卸し」という気がします。日本社会の要／不要の仕分けを時代の要請に応えてやらねば。

近田 今回、Aぇ！group福本大晴はじめ何人か現役の若手ジャニーズの人たちが、自分の言葉でしっかり意見を語り始めている。彼らはきっと何かを変えていくと確信しているよ。

田中 『声を上げる』は生き方。『ダンマリ』は世渡り」と松尾さんがXで呟いた警句を我々一人ひとりが心に刻んでいきましょう。

おわりに――ぼくは〈おれの歌〉を歌う

2023年11月、蒼井優ら複数の芸能人がれいわ新選組と山本太郎代表を支持するコメントをしたとするデマがネットで拡散し、芸能事務所側が否定する騒ぎがあった。名指しされた芸能人にとっても、れいわや山本代表にとっても、さぞ迷惑な話であっただろう。

だが、それを報じるYahoo!ニュースのコメント欄には目を疑った。AIが選ぶおすすめコメントにはこうあった（現在は削除）。「蒼井優さんは聡明そうな方という印象なので、政治的な発言を軽率にはなさらないと思って」いた、デマと判明して安堵した、と。このコメントに対して読者の同意を示す「そう思う」はおよそ1万4000。これは「そう思わない」の7倍以上という圧倒的な数字。どうやら、この国の少なくない人びとは、芸能人やエンターテインメント従事者が特定の政党や政治家の支持を表明することを「軽率」とみなしているらしい。

エンターテインメントの現場から見える景色や感じることを、思うままに書いてみませんか。日刊ゲンダイからそんな声がけがあったのは、2022年7月のこと。当初ぼくが想定した読者は、仕事を終えて家路に就く大人たち。だからこそ、肩の凝らない一筆書きのような時事コラムを。ときには社会や政治に触れることもあるかもしれないが、あくまで芸能面である。交遊録を中心に、音楽、映画、舞台、書籍などのエンタメ新作の情報を友人に語りかける気分で紹介していけば、書くネタには事欠かないのではという身勝手な思い込みだった。

担当編集者との初顔合わせは七夕の日。蒸し暑い午後だった。週末に控える参議院選挙の話くらいはしたかもしれないが、もっぱら軽い雑談に興じつつ、9月の連載開始を決めた。だが翌日の7月8日、予想だにしなかった事件が起きる。安倍晋三元首相が選挙演説中に銃撃され、死亡したのだ。ぼくは急遽日刊ゲンダイに初原稿を寄せる。そのときのテーマ〈エンターテインメントと政治、あるいは社会〉が、結果としてコラムの基調のひとつとなった。

原稿に登場したヒト、モノ、コトを取り巻く事情は、刻一刻と変わっていく。東山紀之は新会社の社長就任を辞退した。東山が「後輩だけど親友」と公言していた生田斗真は、「アリエール（あり得ーる）でしょう」の決めゼリフで知られたP&GジャパンのCMを降板し、その後旧ジャニーズ事務所から独立した。DJ SODAは被疑者3名と金銭賠償なしの和解を成立させた。林真理子は、理事長を務める日本大学のアメフト部員の違法薬物事件への対応をめぐり、世間から大きな批判を受けた。紅白歌合戦から旧ジャニーズ勢が完全に排除された。

今日も、これからも、ぼくは〈おれの歌〉をうたう。歌いつづける。

2023年初冬　パーティ裏金疑惑で松野博一官房長官ら4閣僚が更迭された日に

松尾　潔

本書第1章「おれの歌を止めるな」は書き下ろし、「スマイルカンパニー契約解除全真相」は日刊ゲンダイ2023年7月6日付掲載稿に加筆修正、第2章と第4章は日刊ゲンダイ連載「メロウな木曜日」(2022年9月2日から2023年10月5日)を再構成、第3章はRKBラジオ『田畑竜介 Grooooow Up』での発言速記、第5章はサンデー毎日2023年10月8日号掲載鼎談に加筆修正したものです。個々の初出時期は文末に表示しました。

松尾　潔（まつお・きよし）

一九六八年、福岡市生まれ。音楽プロデューサー／作家。早稲田大学在学中に音楽ライター活動を始め、SPEED、MISIA、宇多田ヒカルのデビューにブレーンとして参加。その後、プロデューサー、ソングライターとして平井堅、CHEMISTRY、東方神起、SMAP、JUJU、由紀さおり等に提供した楽曲の累計セールス枚数は三〇〇〇万枚を超す。EXILE「Ti Amo」（作詞・作曲）で日本レコード大賞、天童よしみ「帰郷」で日本作詩大賞を受賞。著書に小説『永遠の仮眠』など。

おれの歌《うた》を止《と》めるな
ジャニーズ問題《もんだい》とエンターテインメントの未来《みらい》

二〇二四年一月一一日　第一刷発行

著者　松《まつ》尾《お》　潔《きよし》

発行者　森田浩章

発行所　株式会社　講談社
東京都文京区音羽二-一二-二一　郵便番号一一二-八〇〇一
電話　編集　〇三-五三九五-三五四四
　　　販売　〇三-五三九五-四四一五
　　　業務　〇三-五三九五-三六一五

KODANSHA

印刷所　株式会社新藤慶昌堂

製本所　株式会社国宝社

ISBN978-4-06-534434-7　N.D.C.916　254p　20cm